ミス・パリ・グループ代表

下村朱美の

『美しく生きる』

『財界』主幹　村田博文　著

ミス・パリ・グループ代表

下村朱美の『美しく生きる』

『財界』主幹　村田博文　著

ミス・パリ・グループ代表

下村朱美

しもむら・あけみ

1957年鹿児島県生まれ。池坊短期大学家政科卒業。1982年『シェイプアップハウス』(現『ミス・パリ』)1号店を大阪・難波に出店。84年シェイプアップハウスを設立、社長就任。現在はミス・パリ・グループ代表。2014年から20年まで東京ニュービジネス協議会(東京NBC)会長をつとめた。

はじめに

『美しく生きる』――。下村朱美さんの経営者としての歩みを『財界』誌で連載したのは、２０２３年（令和５年）８月から２０２４年（令和６年）１月までの約半年間。コロナ禍で世界中が大きな影響を受け、これからどういう生き方・働き方をすべきか、というテーマを世の中全般が抱えている時であった。

25歳の時にエステティックサロンを大阪市で起業。ミス・パリ・グループを、日本を代表するエステ集団に育て上げた下村さん。その成長の背景には、創業以来のお客様第一主義があるが、何より、「お客様の美と健康のために自分たちは何をすべきか」を考え抜く人材育成があったということである。

戦後の日本経済が最盛期を迎える１９８０年代にエステ事業を営むところも増えたが、消えていくところも少なくなかった。１９９０年代初めにバブル経済が崩壊すると、経営環境は厳しくなっていった。そうした栄枯盛衰の中を、しなやかに逞しく生き抜き、健やかに成長してきたミス・パリ・グループの成功要因とは何か？

わたしは、その最大の成功要因は、人材づくり、つまり人を育てるという経営理念が挙げられると思う。

下村さんは創業から8年後の1990年には専門のスクールを設立。「お客様の美と健康のために」と、エステの仕事をするからには、何より自分たちの仕事に誇りとプロフェッショナルとしての意識・使命感を持たなければならない。そういう人材を育てよう——という下村さんの思いである。

ミス・パリ・グループは教育理念の中に、『美しく聡明で品格ある人材の育成』を掲げる。2023年4月には『ビューティ&ウェルネス専門職大学』を開学。美と健康の専門職大学として日本初の教育機構である。

学生たちは、美と健康の技術を身につけ、資格を取るが、基礎医学や生物化学、さらには美学やマネジメントまでを4年間の学生生活で学ぶ。

「業界を牽引していくリーダー、そして世界で活躍できる人材を輩出したい」という下村さん。

人を育てるという経営理念、教育理念がミス・パリ・グループをここまで発展、成長させてきたということ。そうした本人の実績と周囲の評価もあり、下村さんは2014年(平成26年)、東京ニュービジネス協議会(略称NBC)の第8代会長に就任。

DX(デジタルトランスフォーメーション)、生成AI(人工知能)の進化でニュービジネスが続々と登場。そして地政学リスクの高まり、自然災害を含む環境激変と激しく揺れる今、「人」としてどう生き、どう使命と役割を果たしていくか。時代の転換期にあって、「人」の可能性・潜在力を掘り起こす下村さんの今後の活躍に期待したい。

なお、本文中の敬称は略させていただいた。

2024年4月
『財界』主幹・村田博文

目次

第１章

日本初となる『美』と『健康』の専門職大学設立にかけた思い

日本初となる「美」と「健康」の専門職大学。２０２３年4月、横浜に開学した『ビューティ&ウェルネス専門職大学』。「美と健康を学問に昇華させることで、人々の豊かな人生に貢献していきたい」と創立者・下村朱美（学校法人ミスパリ学園理事長）は設立の動機を語る。下村は１９８２年、25歳でエステティックサロン『シェイプアップハウス』（現ミス・パリ）１号店を出店。以来、「科学的根拠と理論に基づいたサロン創り」を心掛け、また「経営の基本は人」という考えから、プロフェッショナル（専門職）の人材育成に尽力。〝人生１００年時代〟を迎えて、「世界をリードするサービス人材を育てていきたい」という下村の思いである。

「美」と「健康」を学ぶ、わが国初の専門職大学を設立

「美しく生きる」――。ミス・パリ・グループを、わが国のエステティック業界を代表する企業に育て上げた下村朱美は起業家精神の旺盛な経営者。

１９５７年（昭和32年）３月、鹿児島県生まれ。池坊短期大学家政科を卒業後、エステティックの道を志し、１９８２年25歳の時に『シェイプアップハウス』（現ミス・パリ）１号店をオープンした。男性対象のエステティックサロン『ダンディハウス』を開設するなど新領域の開拓も進め、ミス・パリ・グループをわが国のエステ界を代表する企業群に育て上げた。

美と健康に関するプロフェッショナル（専門職）を育てることに創業当時から注力し、そのためには理論と科学的知見に裏打ちされたエステティックサロン経営が必要として、人材育成を熱心に進めてきた。

「最高の技術とおもてなしで、世界トップクラスのサービス人材を育てていきたい」――。下村は２０２３年4月、『ビューティ&ウェルネス専門職大学』を開学するに当たり、こう抱負を述べた。

同大学は、日本初となる「美」と「健康」の専門職大学。2023年春、第1期生149人が入学した。

「学生たちは美と健康を科学的に研究し、技術を身に付け、資格を取り、基礎医学や生命科学、そして美学や経営学を学んでいきます」と下村は語る。

下村自身、起業以来、理論に裏打ちされたエステの実践に取り組んできた。自分たちの仕事に誠実に打ち込み、「お客様の美と健康に貢献するサービスを」という姿勢が、今日のミス・パリ・グループの発展につながっていると言えよう。

下村は、「美とは何か?」という問いかけをずっと行っている。また、起業以来40年余、自分たちのあるべき姿を追い求め続ける日々であった。

今回の専門職大学開学に際しては、「基礎医学や生命科学の専門家に教授陣として加わっていただいています」。

学長には、お茶の水女子大学の室伏きみ子前学長が就任。室伏学長は生命科学の専門家であり、「科学を大事にした専門職大学にしたい」という下村の思いが教学の構成にも現れている。

理論と科学的根拠の伴う「美」と「健康」を！

「サロン、施設の呼び方は国によって違います。日本はエステティックサロン、アメリカや中国など世界の大半の国ではスパと呼ばれています。どちらも同じ美と健康を目指した施設です」

エステティック、スパはもともと、どういう道のりを辿ってきたのか？　下村は世界の歴史を振り返りながら説明する。

「スパの歴史をヒモ解くと、祈祷師や僧侶から始まっている国もあります。それぞれの国でハーブといわれる薬草を煎じたり、お灸を作ったり、オイルを抽出したりして、患っている人たちに飲ませたり、香りを嗅いだり、温めたり、オイルでマッサージを施したりしました。そうやって癒しながら、病気を治していったという歴史があります。ヒーリングとは癒すこと、祈祷師のことをヒーラーと呼びます」

下村はスパの成り立ちをこう説明しながら続ける。

「サロン開業当時は、お客様をキレイにして幸せになって欲しいと願う人たちがセラピストになっていましたが、世の中には情報が溢れ、お客様の方が良く学んでいる方も多く、

2023年4月に開学した『ビューティ＆ウェルネス専門職大学』。『美』と『健康』に関して、わが国初となる専門職大学の設立となった

そんな方たちに指導しなければならない立場のセラピストは、気持ちや祈りだけではなく、知識や教養、信頼される人間性も必要。お客様の望みが広範囲になっているからです。セラピストたちが提供するサービスは、科学に基づいたものでなくてはならない」

エステティック、スパを科学するというか、科学的根拠を伴う形で捉えていこうという姿勢。

「はい、安全性や有効性を検証し、わたしたちができる範囲をもっと増やしていきたい。効くか効かないか分からない世界から脱却したい。そうなれば、お客様は安心してサービスが受けられます。専門職大学で所定の単位を修得すれば、バチェラー・オブ・サイエンス（学士号）の資格が取れることになっています」

学士号の名前が、バチェラー・オブ・サイエンス・イン・ビューティ&ウェルネス（Bachelor of Science in Beauty & Wellness）とあるように、「美」と「健康」を科学（Science）で説明するという建学の精神である。

科学に裏付けられた「美」と「健康」を！

下村には、理論や科学的根拠の伴う『ビューティ&ウェルネス』という思いが、創業時からあった。下村はそれを人材育成という形で実践してきた。

創業から8年後の１９９０年（平成2年）には、エステティシャン養成スクール『ミス・パリインターナショナルスクール』を開校。さらに２００８年（平成20年）に専門学校を設立し、２０２０年（令和2年）には『ビューティ&ウェルネス研究所』を設立したという足取り。

そうした経緯をたどりながら、今回、専門職大学の設立にこぎ着けたということ。

「科学に裏付けられたビューティ&ウェルネスに関する学問体系を構築し、研究成果を専門職大学での教育やサロン運営にも反映していく考えです」と下村は研究と教育、産業がつながる体系を取っていきたいと話す。

このように下村は、人材を育てる学校をつくり、さらにそれを進化させているということ。

最初は、エステティシャン養成スクール、次に専門学校、そして今度は専門職大学。

それにしても、なぜ、ここへ来て専門職大学の設立なのか？

なぜ、専門職大学設立へと行動を起こしたのか

「専門学校は専門学校として、社会に必要な存在です。2年間で学生たちを即戦力として仕上げて、20歳で卒業させます。技術を教え、資格試験に合格させるのが精一杯というのが実情。そこに、医学や科学、心理学、芸術学、栄養学、運動や経営学等を学び、創造性を備え、将来、美容と健康産業を引っ張って行く中核的人材や起業家の育成が必須と考え、大学をと思ったんです」

エステティック関連事業を行い、またセラピストなどの人材教育事業を続ける中で、今後、自分が手がける事業について、いろいろな考えが浮かんでくると下村は語る。

「自分の中には、いつもお客様たちの声があります。医者に痩せろと言われた、息子の二

キビを治して、毛深いのが嫌、腰や背中が痛い、足が浮腫む、ゆっくり眠りたい、もっと若く、長生きしたい。そんな声にどうにかして応えたいと思いながら40年が過ぎました。お客様の願いに応えながら、さらに高品質のサービスを提供したいと考え大学設置となりました。将来は大学院をつくる予定です」

人材養成もどんどん進化させていく。２０２７年度には専門職大学に大学院を設置する予定だというのである。

「大学院はかなりの赤字を出すところだと聞いていますから、どれ位の赤字なら許容できるかを検証しながら準備を進めています」

今、室伏学長を始めとする教学側と打ち合わせを行い、大学院開設の作業に取り組んでいる。

「美容と健康産業に修士、博士を輩出する為に大学院をつくりたいと学長にお願いしました」

ここまで一貫して、下村が人材育成にエネルギーと情熱を傾ける理由、動機とは何なのか？

「わたしが起業した前後くらいから、エステティック業者が様々な消費者トラブルを起こし、お客様の為にと一生懸命働いてくれていた社員たちと共に非常に悲しく、悔しい思いをしたと」

下村がエステティックの事業を始めた頃、同業者が様々な消費者トラブルを起こし、新聞やテレビでニュースになった。その度に新規顧客は、潮が引くように来なくなり、就職内定していた学生が辞退するといったことも体験した。下村は、誠実に真面目に働く従業員たちが〝心の傷〟を負ったことに心を痛めてきた。

そうした悲しい思いを今後、関係者にさせないように、自分にできること、あるいはやるべきこととは何かを考えて、専門職大学をつくったということである。

その思いを下村が改めて語る。

「まず、お客様が安心安全に通える健全なサロンを増やしたいということ。それから、自分の職業に誇りを持てるように、セラピストの社会的地位を高めたいという思い、この2つがありました。だから、その2つをどうにか叶えたいと。これからは大学を出た学士や博士たちも活躍するそういう職業にしていきたいと思っています。これが長年一緒に働いてくれた社員たちへの最後のプレゼント、そして、お世話になった業界の皆様へのご恩返しです」

下村が続ける。

「お客様が美容や健康に望むことは、ものすごく贅沢で形のない主観的な希望も多く、セラピストは、それを理解し応えられる幅広い教養や論理的な思考力が必要です。（創業して今までの）40年余わたしが一貫して考えてきたことは、お客様は何を悩んでおられるのか、どうしたら喜んでくださるのかということです。そして、分かったことは、お客様はプロフェッショナルを待ち望んでいるということです。それ程、美しさと健康は人々にとって重要なものになって来ています。それが1990年に開校したエステティックスクール、専門学校、専門職大学につながってきたということです」

経営者に求められる〝強さ〟と〝優しさ〟

下村は自分たちの業界の人づくりだけではなく、全産業の領域においてスタートアップを目指す若い人たちの支援にも注力する。そうした人柄が買われ、東京ニュービジネス協議会（東京NBC、一般社団法人）の会長に推薦され、2014年から2020年までの6年間、その職を務めた。

「起業家精神を持った若い人は結構います。わたしはやはり、日本社会全体でもっとベンチャーを育てていけるようなムードを醸成していく必要があると」

そして、次のように付け加える。

「ベンチャーは会社の歴史が浅いとか、若くて常識がないとか、礼儀やマナーが分かっていないとか、本当にいろいろなことが言われます。それは事実かも知れませんが、ある程度、周りの大人が若い人たちを応援して、育てていく時だと思います。やはり、どんなに志を持っていても、いつも周りから、『お前は駄目だ』と言われたり、自分を否定するようなことを言われ続けると、人は傷つくし、腐ってしまいます」

経営者には、〝強さ〟と〝優しさ〟2つの資質が求められる。

経営は上り坂の時もあれば、下り坂に遭遇することもある。つまり、アップダウンが付きまとうものだ。

そうした難局の時に逃げ出すことはできないし、他に責任を転嫁することはもちろんできない。難局をしのいでいく強さ、強靭性も求められるし、社員たちを励まし、その潜在力を掘り起こしていく〝優しさ〟も必要。とにかく、人が前向きに仕事をしていけるような社会にしていかなければいけないという下村の人生観、経営観である。

第２章

若い人に夢と希望を持ってほしい――。専門職大学で人づくりを！

「若い人には夢と希望を持ってチャレンジしてほしい。日本もそれができる国にならないといけないと思っています」——。「日本の場合、会社を倒産させたりすると、社会からの信用がなくなり、復活が非常に難しいです。失敗が許されない国なんですね。時に失敗もするかもしれませんが、一度や二度の失敗なんかリベンジできる、そんな懐の深い国であって欲しい、国民でありたいと思っています」という下村の人生観であり、社会観。下村が、１９８２年にエステティックサロン『シェイプアップハウス』（現ミス・パリ）を開設したのは25歳の時。１９９０年には、人材育成のエステティックスクールをつくり、２００８年には専門学校を設立してきたのも、そうした思いから。そして、今回の専門職大学の設立である。

なぜ今、専門職大学なのか?

「わたしたちの商品は『人』です。モノではなく、人なんです。この人はかなり勉強して、経験を積んでいるから、この人の言うことならば、信頼できる。この人が勧める商品ならば、自分に合っているはず。この人に話を聞いて欲しい。また会いたい。全ては人に尽きるんです。ですから、人をつくるということに関しては、以前からずっと力を注いできました」

2023年（令和5年）4月、『ビューティ&ウェルネス専門職大学』を開学。『美』と『健康』（ビューティ&ウェルネス）に関して、わが国初となる専門職大学を設立した動機と人材育成への思いについて、「すべて人に尽きます」と下村は語る。

前述の通り、下村は1990年（平成2年）にエステティシャン養成スクール『ミス・パリインターナショナルスクール』を開校。2008年（平成20年）に専門学校を設立して、人材育成の〝進化〟を図ってきている。

また、2020年（令和2年）に『ビューティ&ウェルネス研究所』をつくるなど、科学に裏付けられた『美』と『健康』の追求に力を注いできた。

エステティシャンの養成スクールを経て、専門学校をつくってきているのに、なぜ、今また専門職大学の設立なのか？

下村はこれまでの歩みを踏まえて語る。

「ミス・パリ・グループは人材採用に当たって、専門学校と、大学からの就職者を両方採用しています。それでバランスが取れていました。しかし、ある時から専門学校卒と大学卒の差がなくなり始めました。報告書の文章を読んでも、どちらが大卒者か分からなくなってきたんです。もう15年くらい前から、そういう現象が見られるようになりました」

学力や全体的な能力でも、専門学校卒の方が大学卒より「上だったりする学生がいる」と下村は感じてきていたという。

「30年前の女子大学生は、社会で男性と同等に働きたい、仕事を一生続けたいと思って、大学に進学した人が多かったような気がします。ですから、短大卒と比べると（当時、エステティックを学ぶ専門学校はなかった）頑張りが利くというか、頭はいいし、理解力があり、自分で物事を考え、行動できる、そして仕事を辞めない存在に育っていきました。しかし、今は専門学校卒より、大学卒のほうが早く辞めるようになりました」

なぜ、そういう現象が起きているのか？

大学出身者が早く辞める理由

専門学校卒は、礼儀、あいさつから、サロンで働くために必要なスキルを学んできている。

「はい、もう礼儀から働くという意義まで、現場を経験した先生たちに教育されてきていますからね。技術は上手いし、接客も上手いです。それに身だしなみも素晴らしい。大学卒者からすると、自分は何もできない、自信がないといって、辞めてしまうことにつながるんです」

仕事に取り組む姿勢は、「大学では教えていないようですね、社会に出たスタートの時点でつまずいてしまうのは勿体ないです」と下村が続ける。

「高校生の時点で、『わたしは美容の世界で活躍するんだ』と専門学校に進む人。とても大人っぽい考え方ができる人たちがいます。そして、もう一方は、将来自分が何をやりたいか分からない。『大学に行って4年の間にそれを考えよう』という人たちです。そんなことだから、大学も自分の偏差値で受かりそうな大学と学部を選ぶ。何を学びたいかも分かっていない。そんな状況をみると、前者の考えの方が大人だったりするんですよ」

エステティックの領域で、この現実に直面して、下村は考えさせられた。

「これは、大変なことになってきていると。大学卒の子たちは、広い視野で学び、それなりのものがあります。年齢も2歳年上。専門学校卒は即戦力としてすぐに活躍し、お客様の対応や礼儀もしっかりこなして仕事をするのだけれども、いかんせん、まだ20歳。お客様との会話がぎこちない。そんなこともあり、大学卒も採用していました。時間は必要でしたが、サロンの店長は大卒者が占めていました。しかし、この大学卒者が最近、専門学校卒と変わらなくなってきたんです。学力、文章力や他の面も含めてね」

この下村の指摘は、今日の大学教育の在り方を巡る議論と重なってくる。

大学改革の在り方に一石を投ずる

人口減の流れの中で、少子・高齢化が進む日本。新生児も年間80万人台割れとなり、戦後間もないピーク時と比べて、3分の1以下という新生児の誕生である。

大学は〝全入時代〟といわれ、全体的に大学への進学希望者数が定員枠を下回るのが現状。近い将来、約800校ある大学のうち、約200校は整理淘汰されるという見方まである。

大学全入時代といわれる背景には、「4年間ゆっくりしようかという人たちも随分いるということなんですよね。それと残念なことに、日本の大学は入るまでは大変なんですけど、卒業は誰でもできますので、大学に入ってから学力が全く伸びていない人たちがいるということですね」。

目的意識を持って、自分の進路先を見据え、必要な技術や知見を修得しようとする専門学校生。片や、確たる進路先がつかめず、ダラダラと大学生活を送りがちな者との差は大きい。

「ええ、どうやって会社を選ぶかも分からない。何となく有名企業だからと志望する。それで入社してみると、今度は3年在籍していて、長くいるわねと言われたりする時代の空気ですよね」

今の大学生気質と企業の採用状況を見て、下村は「早々と転職を考えている社員が増えていくと、企業側も一から教育して定年まで働いてもらおうと考えなくなっていく」と語る。

「だから企業側も教育はしないし、社員も長くはいない。で、どんどん会社を渡り歩く若者たちが増えていく。器用かもしれないですけども。地面にしっかりと根付いた実力であ

人として大切な礼儀、作法をしっかり身につけることは、ビューティ＆ウェルネス専門職大学の大事な教育方針だ

るとか、精神であるとか、そういったものがなくなってくるわけですよね。ですから、仕事が面白いとか、やり甲斐を感じられなくなってきている。確固たる自信や信念がないから、精神的にも不安定。大学の4年間もいろいろ勉強したはずなのに、それを仕事に結びつけられていないと思っているんです」

ビューティ&ウェルネス専門職大学は、『美』と『健康』に関して、科学的な裏付け、高品質の技術とおもてなしで、世界トップクラスのサービス人材の育成を図ることをうたう。

自分を生かし、そして顧客に『美』と『健康』を提供する形で社会に貢献していく。そういう目的意識をしっかり持つ人材を育成していくという下村の考えである。

人材育成は世界各国の共通課題

企業経営者はどういう人材を育てていくのか。また、若い世代は自らの仕事をどう選択し、自らを磨いていくのか――。これは、国を越えて、どの国や地域も抱える共通課題である。

ミス・パリ・グループは海外でも事業を営む。中国・上海や台湾でもエステティックの事業を展開している。

「中国でも、大学は出ても仕事に就かない人たちがいっぱいいます。わたしたちは以前、香港でエステティックの学校を経営していましたから、よく事情が分かります。大卒の人たちが勉強しに来るんですね。そうすると、2600香港ドルまでは、国（香港政庁）が補助金を出すんです」

香港でエステティック人材養成のスクールを開設したのは10年前のこと。

その時、香港政庁からは、「若者たちが技術を習得できて、社会で働くようにしてください」と言われましてね。仕事に就いていない若い世代のことを心配して、（香港政庁は）手を打っていましたね。香港は手の打ち方が早いと思います」。

日本でも、大学を出ても働かない若い世代が増えつつある。社会全体では人手不足が言われているのだが、自らの目標をしっかりと持てずにいる若者がいるということ。大学を卒業しても、職に就かない人たちが一定数いる。その状態をどう克服するかという社会的課題。そういう問題意識も絡んで、専門職大学の話が登場してきた。

若者たちが将来、職業に結びつく自分のやりたいことが学べる大学。産業界に至っては、業界をよく知り、知識や技術、資格などをあらかじめ取得し、マネジメント力を持った将来会社の中核的人材の輩出を心待ちにし、専門職大学ができていった。

今、エステティック領域で働く人は3万人から5万人と言われる。世界トップスラスのサービス人材の育成を目指す専門職大学の登場ということである。

1度は、大学設立申請を取り下げられて……

今回の『ビューティ&ウェルネス専門職大学』設立に懸ける下村の思いは実に強かった。下村は、この専門職大学設立の許可を文部科学省に申請していたのだが、実は1回、『申請取り下げ』という事態に遭遇している。

2020年（令和2年）夏のことである。コロナ禍1年目の夏で、社会的には混沌とした雰囲気に包まれていた時期。この時、計14校が専門職大学の申請書を提出。うち認可されたのは2校という状況。多くの学校が再申請を諦めた。専門職大学設立は、『ハードルが高い』という印象が広まった。

下村はどうだったのか?

「わたしは、人と比べるということをあまりしません。大事なことは、自分が何をすべきなのか、何をしたいのかです。初めて文部科学省に美容と健康を学ぶ大学を作りたいと相談に行った時、『美容は学問じゃない。そもそも、ビューティ&ウェルネスとはなんぞや。大体、学問とは漢字一文字で書くものだ』と。医学や法学のことを言いたかったのか。美容に学問なんかない!　と言われたようで、わたしたちの職業を全否定され、本当に悲しかった。そこから、やってやる!　と、エンジンがかかったような気がします」

2年後の2022年（令和4年）に許可指定を受けたということで、下村の執念が実ったのだが、1回目の申請が取り下げになった時は、「やっぱり悔しかったですね」と打ち明ける。

「わたしは大体のんびりした性格ですが、時々、世の中間違っていると思う時があるんですよ。会社の大小や社歴の長さ、職業や学歴で人を判断したり、身内には優しく、よそ者は排除したりする。こんなことでは日本に新しい会社や職業は育ちません。こんなに必要とされている職業なのに、なぜ分かろうとしてくれない。なぜ邪魔をするのか。なぜ嫌味ばかり言うんだと怒りがこみ上げてくるんです。こうなったら、目標に向かって猪突猛進、誰にも止められなくなります」

第1回目の申請時は1学年の定員が120人。この定員で4学年全部(480人)が揃っても、大学運営では約1億円の赤字が見込まれた。授業料は、年間約150万円で、文系の大学よりはいく分高目という水準である。

大学経営という観点から、「もう1クラス増やしたらどうか?」という声も出た。しかし、大学を経験した事務局からは「いや、そんなことをしても、絶対集められないし、(文科省からの)補助金ももらえなくなる」と反対論が出る。

いろいろな考えや意見が出て、ぶつかり合った。

そうこうしているうちに、2020年7月、事務局長から、「(文科省から)申請を取り下げるようにと言ってきました」との連絡を受けた。

学長選任の交渉も内々に進めながら……

しかし、ここで引き下がる下村ではなかった。

「もう1回、チャレンジしよう。定数は倍返しの240人で行く」と関係者に宣言。事務局も含めて、申請取り下げということで、皆ショックを受けていた。そこへ下村の再挑戦の力強い宣言。

「定数240人で行くけど、それでいいですか?」という下村の問いに事務局も、「ハイ」と答え、完全に挑戦ムードに切り替わった。

2020年10月までに申請すれば、文科省も再申請を受け付けるわけだが、下村は「もう1年延期しよう」と万全を期すことにした。申請取り下げの措置に「納得がいかない」と下村は、今度申請したら認可を勝ち取るとし、そのためには万全を期して臨むことにしたのである。

ただ、ある〝懸案〟が降りかかってきた。横浜市都筑区の大学予定敷地に年間8800万円の固定資産税がかかってくるということ。

これが学校法人であれば、固定資産税もゼロになるが、設立が許可されるまでは法人(ミス・パリ）が土地所有しているということで、固定資産税がかかる。その税負担をしてまでも、申請を1年延期したのは、「良い専門職大学をつくりたい」という下村の強い思いである。

そして、大学設立にあたって最も大事なことの1つ、学長をはじめ、教学面の責任者をどう揃えるかという課題。

下村は内々に、当時、お茶の水女子大学の室伏きみ子学長に、「定年後にわたしどもの学長になっていただけませんか」とお願いし続けてきていた。

室伏学長は当初、定年後は自分の好きな研究をして過ごしたいという気持ちであった。しかし、下村の専門職大学設立への熱い思いを聞くうち、室伏にも共に新しい大学教育にチャレンジしていこう――という気持ちが芽生えてきていた。

そうした教学側の状況も踏まえて、2度目の大学設立申請が行われたのである。

理想の教育へ向かっての思いは、人を動かす。

第3章

室伏きみ子・お茶の水女子大学前学長が初代学長に就任

「学生の中には、美容と健康にすごく興味を持ち、学びや研究を深めたいという自主性のある人たちが入学してくれています」――。2023年（令和5年）4月に開学した『ビューティ&ウェルネス専門職大学』には、第1期生として約150人が入学。教授など教学関係者48人、職員42人で大学運営に当たる。「わたしは、預かった学生たちが社会に出た時に、大成功、大出世してほしいと思っています」と下村。経済学、データサイエンスをはじめ、皮膚科学、栄養学、香粧品学など、〝美と健康〟に関する学識を学んでいくわけだが、環境激変の中を生き抜く人材づくりの進め方は――。

『美と健康』を担う本格的な人材づくりを

『ビューティ&ウェルネス専門職大学』の教育理念と設立趣旨について改めて、下村が語る。

「ビューティ&ウェルネスというのは、美しく健康な心身を持って、人生を豊かに生きたいという人たちに寄り添う人材をつくっていこうという考え方なんです。だから、この中で例えば、栄養や運動についてスポーツジムなどで指導する人もいれば、実際にエステティック技術で美しく健康的な体や肌をつくり出す人もいます。内面的な美と健康の基礎づくりを担う人もいれば、外面的なネイルとかメイクで創作的に美をつくり出す人もいるし、技術や商品開発、顧客、経営、人材をマネジメントする人もいるなど、仕事は多岐にわたっているんです」

ビューティ&ウェルネスの領域は「本当に広いです」と下村は語り、「素直で誠実な学生が多いことに手応えを感じています」と次のように続ける。

「学生の中には、美容や健康にすごく興味を持っている人たちがいます。本当に、ビューティ&ウェルネスの学識を身につけようと熱心に必死に取り組んでいます」

開学1年目の2023年度は149人が入学（うち男子学生は11人）。

「優秀な学生が多いですね。今後、この領域が世界中で成長産業になることを分かって入学しています。ビューティ&ウェルネス、これは、人間が豊かに暮らすということはどういうことかを考え、学ぶということなんですね」

入学した学生たちに話を聞くと、『ビューティ&ウェルネス専門職大学』が文科省から設置認可を受けていない段階から、「この専門職大学ができたら、入りたい」という志望を持っていたという。

高校の教師陣が、「専門職大学ができてから、状況がどうなるのかを見極めたらどうか」といったアドバイスをしたが、本人たちは自分の意志を貫いて入学した。

専門職大学設立の経緯は前述したが、下村が設置認可を再申請し、文部科学省から認可が下りたのは2022年8月31日のこと。

いま、高校3年生が翌春の大学入試に備えて、自分の高校の学校推薦を貰えるのは、7月から校内選考が始まり、9月中旬が最後。11月1日に志望大学に学校推薦書を提出し、大学の選抜を受けるという段取り。

「わたしどもが大学設立の認可をいただいたのが一昨年（2022年）8月でしたから、

それまでは募集要項も出せません。学生たちはそういう状況の中で、学校推薦を蹴って、『いや、わたしはビューティ&ウェルネスに行くんだ』と進路を決めているんです。親御さんも、また学校の先生たちも、まだ開学もしていない大学に反対している中でね。周りの大人たちに反対されても、わたしはこの道を進むんだと決めた子たちなんです。ものすごく意志が強い人たちです」

『美と健康』の学びに意欲的な第１期生

下村自身、何とかこの専門職大学をつくりたいと、文字通り精魂込めて働いてきた。設置認可申請を出したものの、１度は〝申請取り下げ〟という状況に見舞われたが、それでも諦めず、２年間の時をおき、再度チャレンジしての大学設立であった。

エステティック、つまり美と健康の世界は、顧客に喜んでもらうためのサービス産業。サービス産業の本質は、人（顧客）に尽くすということであり、そのためには、人にとって、美と健康とは何か、ひいては人は何のために生き、そして働くのか——といった本質的な考察や知識が必要になるという下村の考え。

そのような人材を本格的に育成するために、専門職大学をつくらなければいけないという思いがずっと、下村にはあった。その下村の思いが込められた専門職大学を、第1期生約150人が選んでくれたということである。

「本当に、ものすごい意志の強い人たちだと思います。また、本人たちも自分たちの選択が間違っていなかったと思われるにはと、勉学に励んでいます。ものすごく愛校精神がありますしね。わたしたちも一生懸命に、この大学を知ってもらいたい、いい人たちに入学してほしいと頑張ってきましたし、本当に特別な第1期生ですね」

第1期生の期待に応えるためにも、ビューティ&ウェルネス専門職大学の発展、成長を図っていかなければという下村の思いである。

室伏きみ子・初代学長就任が実現して……

『ビューティ&ウェルネス専門職大学』の初代学長は、室伏きみ子・お茶の水女子大学前学長。室伏は生物学者であり、児童文学作家として知られる人物。医学博士の学位を持ち、2015年(平成27年)から2021年(令和3年)までお茶の水女子大学学長を務めた。

室伏は1947年(昭和22年)生まれ。1970年、お茶の水女子大学理学部生物学科卒。若き研究員時代に、米ニューヨーク市公衆衛生研究所の研究員を務めるなどした後、お茶の水女子大学に戻り、助手、講師、助教授を経て、1996年に教授に就任。理学部長、理事、副学長、そして、2015年に学長という足取りである。

この間、仏ルイ・パスツール大学に客員教授として招かれるなど、グローバルな研究・教育活動を実践。2013年にはフランス政府の教育功労勲章を受章しており、ストラスブール大学名誉博士の称号も持つ。グローバルな教育・研究活動歴があり、児童書を手がけるなど、児童の心に訴えるようなしなやかな感性も持つ室伏。その室伏に、下村は「うちの大学の学長になっていただけませんか」と要請し続けた。

「室伏先生がお茶の水女子大学学長をお辞めになるという話をうかがったものですから、それでお話を持っていったんです」と下村。

しかし、すぐには返事をもらえなかった。それでも下村は諦めず、じっと待ち続けた。

「先生には大好きな研究をゆっくりしたいという希望がおありでした。ご主人にも、もうゆっくりしたらどうだというお考えがあったようで」という状況。

下村は1年近く待ち続けた。そして、この間にも、ビューティ&ウェルネス専門職大学設立の趣旨と意義を熱く室伏に説き続けた。この間、文部省に提出する設置認可申請書も書き直し、改めて提出し直すことになるが、「室伏先生にどうしても学長になっていただ

室伏きみ子学長と共に

きたくて」とお願いし続けた。

その下村の熱意に、お茶の水女子大学学長辞した後、自分の好きな研究生活に入ろうと思っていた室伏から、「下村さん、あなたの大学設立の思いを今一度聞かせてください」という言葉が返ってきた。

「前回の申請書をつぎはぎしながらやるよりも、下村さんのお気持ちを聞いて、それで一緒に作り直しましょうという室伏先生のお言葉だったんです」

こうして、新たな申請書が出来上がった。

室伏学長のメッセージ

室伏は、ビューティ&ウェルネス専門職大学の学長として、「高い志を持って夢を実現できる学びに取り組んでほしい」と学生たちに次のようなメッセージを送る。

「美と健康を〝学術〟として確立するためのカリキュラムをこなすことは、決して簡単なことではないと思います。でもその分、様々な領域を横断的に学ぶことができ、実践の場において、自ら新しいものを生み出す力が育まれていきます。また、将来の道も大きく広がり、時代が変わっても自分の力を存分に発揮して、多様な場で活躍することができるでしょう。わたしたちは学生一人ひとりがその資質・能力を十分に伸ばし、実社会で活躍できるよう、全学一丸となって応援いたします」

人の潜在力、可能性を掘り起こし、新しい大学を目指す専門職大学のスタートである。

人としての礼儀、礼節をわきまえた人間に

前述したように、下村は、「学生の皆さんが社会に出た時に、大成功、大出世してほしいと思っているんです」と語り、「わたしたちの仕事はサービス業ですから、人間相手の仕事になります。要は、人間の喜怒哀楽を知り、人に好かれ、頼りにされるということが一番大事だと思うんですね」とその思いを述べる。

人に好かれるようになるには、どう生き、どういう基本スタンスで臨めばいいのか？

「それにはまずプロとしての知識や高い技術力を基礎として、真面目さ、正直さ、明るさ、礼儀正しさとか、礼節を持つとか、そういったことが大事。わたしたちが昔、当たり前のように教わったことがとても大事だという話をしております」

人が社会生活を送る上で、礼儀、礼節は大切なものだが、それが今の社会で失われつつあるのではないかという懸念が下村にはある。

現代の学校現場では授業中にも生徒たちが話をしたり、居眠りをしていたりするという。それを教師が注意もせず、淡々と授業を進めているといった報告もある。高校生の時までそういう授業を受けていたら、大学に進んでも立ち居振る舞いはそう変わらない。

「静かにしなさいと一言、なぜ注意できないのかということです」と下村は教育現場のあり方に注文を付け、大学教育ではしっかり礼儀、礼節を守っていきたいと語る。

授業が始まる時には、『よろしくお願いします』と全員で挨拶する。授業が終われば、『ありがとうございました』と礼を述べる。教壇に立つ先生に、敬意をもって接するなど、人として大切な礼儀、作法をしっかり身につける。これは社会に出て、社会の一員として生きていく上で大事なことである。

今の大学でこうした礼儀、作法を教え、実践しているのは珍しいかもしれない。「大学でそんなことをやっている所はありません」といった声も聞かれるが、下村はきっぱりと言う。

「だから、わたしたちは大学をつくったんです。外で誰かと会ったら、必ず、『おはようございます』とか、『今日は』とご挨拶する。授業中に呼ばれたら、『はい』と大きな声で返事をする。当たり前のことですが、身についていなければ、大学で身につけてもらいます。また、先生のほうも、学生全員の名前を憶えて、一人ひとりに真剣に接することが大事です」

質の高いサービス産業を築いていくために、社会生活を送る上での礼儀、マナーをしっかり身につけることは大切なこと。「ハイクオリティの人材がハイクオリティのサービスを提供できる」と下村は考えている。

これも『ビューティ&ウェルネス専門職大学』の人づくりの一環。サービス産業は「人」を相手にする仕事。だから、「人に好かれるような存在にならないと」と下村は学生たちに語り続ける。人づくりはまず、人としての基本の習得、基礎固めから始まるという下村の人生観、教育哲学である。

第4章

池坊短大を卒業。米国留学を経て、美容の世界に飛び込む

「理論的裏付けと科学的根拠に基づいた美容・エステティック技術は必ずお客様に受け入れられます」――。1982年（昭和57年）、『シェイプアップハウス』（現ミス・パリ）1号店を大阪・難波に出店した時の下村の思い。池坊短期大学（京都）の家政科を卒業後、お茶やお華を学んでいた下村は、自分が打ち込める仕事に就きたいと、25歳で美容の世界に飛び込む。顧客のニーズに完璧に応えていくために、「自分たちは何をすればいいのか」を考え続ける経営の実践が始まった――。

池坊短大で学び、米国に留学

「わたしは池坊短期大学を卒業後、池坊文化学院等、さらに2年学びました。せっかく池坊で学びましたので、看板を田舎に持ち帰りたかったからです。その後、カリフォルニア大学に留学しました」

下村は１９５７年（昭和32年）３月20日生まれ、鹿児島県出身。誕生の前年、１９５６年（昭和31年）は日本が経済白書（当時）で、『もはや戦後ではない』と敗戦からの復興期を脱し、経済成長に自信を取り戻した時。

下村が11歳の時、つまり１９６８年（昭和43年）には、日本は西ドイツ（現ドイツ）を抜いて、米国に次ぐ自由世界第二位の経済大国にのし上がる。その日本経済は１９７３年、１９７８年と二度にわたる石油ショックの洗礼を受け、高度成長から安定成長の時代へと転換していった。

そうした時代の変わり目に青春時代を京都、そして起業家が多く集まる米カリフォルニア州で過ごした下村。

日本の美を育み、日本文化や歴史、伝統を受け継ぐ京都。そしてシリコンバレーなどが

20歳の頃。短大の卒業式にて（左が下村さん）

あり、当時から科学技術、半導体・コンピューター関連の産業を生み出していたカリフォルニア。その2つの土地で学び、自分の目や耳など五感で感じたことは、その後の下村の起業家人生に影響を与えたものと思われる。

起業の地に下村が選んだのは大阪。学んだ京都ではなく、大阪で起業したのはなぜか？

「京都は学生と観光客の街です。あの頃も14万人の学生がいると言われていました。京都に比べ大阪はビッグシティ。人が多い程、お客様も多いし、大阪の商売人から商売を学びたいと思って大阪で起業することにしました」

起業時について、下村は屈託なく語る。

「カリフォルニアから帰って来て、何かしなきゃならないと。郷里からは、もう結婚していい年齢ね。いいお話もある。と言われ、そんな型通りの結婚はイヤ。都会で何かしたい。

ということで、当時は女性には高嶺の花だったデパートに勤めるかという話もいただきましたが、自分には合わなさそうと思い断りました」

そんな時、知り合いから、「化粧品の代理店をしてみないか」という誘いを受けた。新しい美容のビジネスモデルである。

カウンセリング活用の〝美の講習〟

それは、美容室のシャンプー台を利用して、顔にあるツボや経絡を刺激しながらの特殊なマッサージ。内臓のツボを刺激し、健康になりながら美しくなるという美顔法。マッサージ技術と共にお客様に必要な化粧品や健康食品を売る――というビジネスモデルである。

東京から美容の講師を呼び、「フェイシャルマッサージの講習会を受講しませんか」と呼びかける。美容室に出入りする美容材料屋との協業で、大阪、京都、奈良の美容室を訪ねて回った。

「美容材料屋の営業マンの車に乗せてもらって、1日8軒程の美容室を回るんです。今あるシャンプー台を利用して美顔を新メニューとして導入しませんか、オールハンドですから、機械も不要。導入資金は使用する化粧品だけですと」

東京から化粧品メーカーの講師を呼んで、月に1回美容室の定休日（当時、関西の業界の定休日は月曜日）と火曜日の2日間で美容師向けの講習会を開催。これを3回、3カ月間で美顔技術を修得させるというもの。

美容室は化粧品メーカーの販売代理店も兼ねており、材料屋を含めて、三者はまさに共存共栄の関係。美容室でお客に接して、美顔マッサージを施すのは、その美容室で働く美容師たち。その美容師たちに美顔マッサージを教えるのが月に1回来る東京の講師と次の講習会までに練習を見るのが下村の仕事だった。

美しくなりたいというのは女性共有のものだが、美顔のやり方は一人ひとり好みがある。その客の好みを十二分に聞いて、本人に最適な美顔マッサージを施した。下村は徹底的に本人の相談にのるカウンセリングという手法を取り入れたのである。

こうしたお客（消費者）を大切にするカウンセリング手法は当時人気を呼んだ。

また、美容室に勤務する若き美容師たちも、実に一生懸命に働いた。

「ええ、皆さん本当に一生懸命でしたね。ですから、お客様たちも喜んで必要な化粧品を買ってくれました」

今から40年ほど前のことだが、どれほどの化粧品購入だったのか？

「4万円セットの化粧品が、例えば、10人のお客様が来られれば、大抵10人が購入されていかれましたね」

同行していた材料屋の営業担当者も、この売れ行きにびっくりしたようだ。当時、大卒の初任給は14万円という相場だから、4万円というのはそれなりの値段である。

日本経済が二度の石油ショックを経験し、原材料費の沸騰、消費の落ち込みなどの変動を経て、今一度新しいステージでの成長を目指そうと、日本人の皆が懸命に働いていた時期。

「まさに、手応えありですね。わたしがメーカーから化粧品を買い取り、美容材料屋へ卸し、材料屋から美容室に卸し、そして消費者に渡るという商品の流れです。利益は、売上の15％位でしたが、事務所もないし、自宅のマンションから電話一本で仕事ができるわけですから。経費がそうかからないので助かりました」

『シェイプアップハウス』（現ミス・パリ）を立ち上げる2年前のことだが、美容師たちの『研修』を大事にすることが、このビジネスモデルの大きなポイントだった。

人材育成の始まりは創業時から

『美容と健康』を担うのは「人」というのは下村の経営観であり、現ミス・パリ・グループの経営信条である。顧客の『美と健康』をつくり、維持していくには、セラピスト（美容師）が必要な知識と技術をしっかり修得しなければならない。

また〝カウンセリング〟はお客とセラピストとの丁寧な対話の中で行われることが重要で、それによって、その人に適した美容を施すことができる。美の世界に飛び込んだ当初の『研修』を重視する姿勢は、今日のミス・パリ・グループの経営に生きている。

さらに言えば、『研修』は「人」を育てるものであり、仕事の質、提供するサービスの向上を図るもの。人材育成のために、下村はエステティックスクール、専門学校をつくり、そして今回、専門職大学開学を成し遂げ、さらに大学院設置まで視野に入れている。

『美と健康』の学士育成にとどまらず、修士や博士まで育て上げるという下村の思いは、『シェイプアップハウス』立ち上げ前の『研修』に始まっている。

美容の世界に飛び込んだ時の『研修』をどのような気持ちで進めていたのか？


『研修』は深夜の12時、午前1時まで続いて……

「その頃は、よく働きました。先ずは、美容師さんたちに美顔技術を修得してもらわなければなりません。月に2日、3カ月の講習会で技術が身に付くわけではなくて勤務先の美容室に出向き、各自の上達の状況を見ながら、練習をしたり、理論のテストをしたりしました。美容室の仕事は午後8時頃まで。研修は仕事が終わってから始まるんです」

当時、チェーン展開する大きな美容室などは、各地の店舗から美容師を集めて『研修』を開催した。

「地方から美容師さんたちが働きに来て、そこで寝泊まりし、当番制でご飯を作っていました。それを一緒に食べさせてもらって。楽しかったですよ。そこから研修なんです。夜中の12時、1時頃まで。みなさん、技術を身につけようと必死に学んでくれました」

京都や奈良の美容室での『研修』となると、下村は自宅のある大阪のマンションまで車を運転して帰宅。かれこれ一時間はかかる行程だが、これも若いからできたということであろう。その頃はみんながよく働き、よく学んだということである。

美顔マッサージから顔相まで学ぶ

では、『研修』の中身は、どんなものであったのか――。

「洗顔からマッサージ、それと化粧品の使い方全部を学びます。あと顔相の見方というのもあります」

下村は、カウンセリング研修の中に、〃顔相を見る〃というのが含まれるという。

「例えば、顎が張っている人は、結構頑固だとか、逆三角形の人は神経衰弱になりやすいとかね。頬骨が出ている人は気管支系が弱いとか、眉の濃い人は意志が強い。腎臓が強くて長生きなんです、額は、光り輝いていたほうが元気だとかね。いろいろと顔相の見方があるんですよ」

顔相の見立ては、その人の性質・性格、人となりを見る上で参考になり、楽しいもの。

「そういうのが話のきっかけになって、お客様との距離もぐっと縮まりますからね」

実際、顔の表情は、人と人が対話し、コミュニケーションを取る上でも大切な役割を担う。では、本人がマイナスとして捉えている顔相を、プラスにすることはできるのか？

「できます。例えば、眉が薄い人だったら、濃くすることで自分の意志を相手に示すことができます」

下村は、眉毛を引き合いに、次のように続ける。

「昔、眉毛を剃って、お嫁に行ったわけですね。そのことは、わたしの意志はなくして、あなたの色に染まりますという意味合いだったんです」

自らの意志をなくす――。女性が眉毛を剃るということにはそうした意味が込められているということだが、昨今は眉を太めに書き込むほうが多いのではないか？　と聞くと、下村からユーモア交じりの答えが返ってきた。

「そう、だから女性が強くなると、クッキリと眉を描くようになりますね。意志が強い女性になってくるわけです」

お客様には『美と健康』の話はどのように進めていったのか？

「青っぽい顔をしている人だと、緑黄色野菜が足りないとアドバイスするんです。赤っぽい顔の人は、ちょっと赤い色の食べ物を摂りなさいとかね。そうすると、お客様からも『そうなのよ』と応じていただけるようになってくるんです」

洗顔やマッサージの時にも、こうした健康の話をすると、お客との会話も弾む。下村のこうしたコミュニケーションの取り方は、研修を受ける美容師の間で人気を呼ぶようになる。〝人が人を呼ぶ〟の喩えではないが、「こっちでも講習会を開いてくれませんか」という要望があちこちから届くようになった。

この講習会形式のビジネスは下村1人の手では足りなくなり、〝同志〟として3人を採用した。この3人にも教師役として、各地の美容室に行ってもらったが、「下村先生に来てほしい」という美容室オーナーからの要請が多かった。

「美容室のオーナーさんたちはわたしよりずっと年上でしたが、本当に皆さんには可愛がってもらいましたね。わたしが行きますと、重箱入りのお弁当を作っていてくれて。わたしが美味しい、美味しいと食べるものですから、オーナーもスタッフの美容師さんたちも喜んでくれるんです。サービス業で働く人たちは、人に喜んでもらうと嬉しいと思う人たちが働いているんです」

こうして下村の人脈は広がっていった。そして、次第に、自分で本格的なエステティックサロンを開きたいと思うようになる。

第5章

「理論に裏付けられた美容を」——。
25歳で大阪・難波に1号店を開店

『美と健康の世界』で生きようと起業してから40年余、下村は「いつも、自分には問題意識がありましたね」と振り返る。25歳で自分のエステティックサロンを開設。お客から「こうしてほしい」という相談や要望を受けると、懸命に勉強し、知識を積み重ねてきた。「どうしたらお客様が喜んでくださるのか」という問題意識である。一方、時にはトラブルが生じることもある。そういう時こそ、日頃の仕事の質やサービスが問われる。ミス・パリ・グループの「お客様を怒らせたり、哀しい思いをさせてはならない」という社訓は、創業時の『お客様のために』という下村の思いから生まれている。

『お客様のために』を本当に実践しているのか

「わたしはちょうど良い時に起業したのだと思います」と下村は、１９８２年（昭和57年）の起業時を振り返る。

日本経済は１９７３年（昭和48年）の第１次石油ショック、１９７８年（昭和53年）の第２次石油ショックで、石油や原材料価格の高騰に苦しみ、インフレや企業倒産などの厳しい局面もあったが、省資源・省エネルギー技術の開発で、危機を乗り越えてきた。

戦後約30年を経て、日本は新しいステージを迎えようとしていた。自動車や電機・エレクトロニクス産業を中心に海外市場でも日本製品は人気を呼び、米国に次ぐ世界第２位の経済大国として地歩を固めていた時期。世の中全体に活気があり、経済全体も右肩上がりの頃。努力すれば、その分だけ手応えを感じられる時代であった。

当時の美容業界では、顧客と美容室の関係はどのようなものだったのか？

「お客様は神様。自分たちは、しもべのように言われることを一生懸命にやるだけという考え方でした。プロとして、そのお客様に合ったアドバイスをするべきだとわたしは考えていたんですが、アドバイスなんてとんでもないと」

下村は、そうした当時の美容業界の空気を変えたいと強く感ずるようになっていた。そして、自分の言っていることが、美容の現場でそんなに大変なことなのかを見きわめたくなった。

「それで、自分が一店舗経営してみようという気になったんです」

下村は、開業する前に、他のエステティックサロンに通ってみることにした。

「そこで働くエステティシャンたちの理論的な教育が全然できていないことが分かりました。お客様とエステティシャンたちは何のために今の技術をしているのか、どちらも分かっていない様子なんですね」

その様子を見て、どう感じたのか？

「ああ、この子たちは本当にお客様をきれいにしたいと思っているのに、きれいにする方法が分からないでいると。基本的な理論教育ができていないから、具体的にどう仕事を進めていったらいいのかが分からない。それを見ましてね、やはりお客様の肌に触るのですから、肌の構造や働き、使う化粧品の成分も分かっていなければいけない。体のマッサージをするのだったら、骨とか筋肉とかも分かっていないといけないと思ったんですね」

美容の世界に飛び込んで間もない下村だったが、当時の業界の〝常識〟に染まっていないからこそ、実態の不都合、不合理性に気がついたということであろう。

「当時のエステティックには教育がなくて、ただエステティックサロンをオープンしたいという人が多かった。欧米などの海外に出かけて、現地で高級なエステティックサロンを体験したことがある富裕層のご婦人たちがエステティックサロンを経営していたんです」

自分でサロンを開きたいという思いを持った人たちで、今で言う女性経営者たちも少なからずいたという。そういう人たちは、化粧品・美容関連メーカーが開催する短期間の研修を受け、開業に及ぶ。

当時のメーカーの研修は、化粧品の使用順序や美容器具の使い方を教えるもので、その研修も、6時間位のものから長くて30時間位と、まさに〝促成栽培〟といった風情のものだった。

「そこで、きっちりと皮膚の構造や肌の働きを教えるような余裕はなかったんです。マッサージの順番と、化粧品を使う順番と、機械・器具を使う順番を覚えさせるのがやっとだったと思うんですよね。そういう状態の中で、サロンが増えて行きました」

この時点で、すでに下村は、「人」の教育が大事だと痛感していた。

時代の端境期にあって心密かに考えたこと

「でも、その当時はまだサロンがエレガントだったんですよ。というのは、美に憧れるというか、そういう女性たちがエステティックサロンの先生を務めていましたからね。そうしたエステティックの流れを見て、これは儲かるぞという人たちが出てきました。（富裕層の）女性ばかりではなく、今度は男性の中でも、エステティックに目を付ける人たちが出てきたんです」

時代は、1980年代初めである。戦後30数年が経ち、モノづくり（製造業）で戦後復興、高度成長を成し遂げてきた日本も新しいステージを迎えようとしていた。〝ハードからソフトへ〟という言葉に象徴されるように、製造業主導型の経済運営から、情報・サービス産業が台頭し始めたのがこの頃であった。

「ええ、その頃のわたしも、ちょうど時代の端境期にいたのだと思うんですけどね」と下村。

経済も高度成長時代から、安定成長時代へと移り変わろうとしており、経済もそれ行けドンドンのやり方から、安定成長・成熟化の方向へと舵を切ろうとしていた時代である。

そうした成熟経済のトバ口にあった1980年代初め、人々の〝美への憧れ〟も強まっていた。

エステティックの世界に進出してきた男性経営者たちは、それこそ一気にチェーン展開を始めた。一種のエステティックブームとなり、それはお客とのトラブルを引き起こすこととなった。

いわば、混沌としたエステティックブームの中、下村は美容の世界に入ってきたわけで、「だからこそ、理論が分かって、理論に基づいた技術でお客様に接するようなサロンをつくらないといけない」と考えるようになっていた。

大阪・難波に第1号店を開く

1982年（昭和57年）春、下村は大阪・難波に『シェイプアップハウス』（現ミス・パリ）1号店を開店。25歳の時である。

場所は大阪市浪速区で、難波球場の裏手にあるマンションの一室。難波球場は当時、プロ野球の『南海ホークス』（現福岡ソフトバンクホークス）の本拠地として使われていた。

ちなみに現在は、『なんばパークス』として、市民に親しまれる公園になっている。

大阪・難波に『シェイプアップハウス』1号店をオープン。マンションの一室からのスタートだった（写真は1982年の創業当時）

難波球場は、南海電鉄『なんば駅』や『JR難波駅』をはじめ、地下鉄の駅からも近く、交通の便の良いところ。大阪の繁華街・ミナミの一角でもある。

「マンションの前には、『立ち小便するな』という看板が立ててありました（笑）」と笑う下村。

当時の難波球場付近の雰囲気を示す話だが、それにしても、開業の地を東京ではなく、大阪を選んだのはなぜか？

「わたしは大学が京都でしたからね。池坊短期大学に2年いて、卒業の後も池坊でお茶やお華の習い事をして京都にいました。仕事を始める時、場所が京都ではちょっと商圏が小さいだろうなと思って大阪に決めたんです」

『美しく生きる』——。

下村の生きる上でのモットーであり、座右の銘でもある。

「わたくし自身、美しく生きたいなと思ってやってきました」と下村は笑みを浮かべながら語る。そして、創業時から、このモットーは変わらないと言う。

「美しく生きる」は、顧客をきれいにすることと同意義。創業時の思いを下村が改めて語る。

「まさに、わたしは時代の端境期にいたのだと思います。エステティックサロンというところでは、ちゃんと教育を受けた人が、お客様の肌や体に触れて、美と健康のために仕事をする。これが当たり前のことなんだと。だから、理論が分かる、理論に基づいた技術を提供するサロンをつくらなければという気持ちでした」

物事の本質を衝く考え方というのは、本来シンプルなもの。だからこそ、万人に伝わっていく。

当たり前のことを当たり前にやる——。

25歳の時、大阪・難波に開いたサロン。そのサロンで、下村が自らの経営理念を実践する一歩を踏み出した。

第６章

『ゼロからの出発』時、周囲からもらった気遣い・厚情に感謝

起業時には当然のことながら、お金も人脈もない。しかし、『美しく生きる』を信条に、お客様の心と体を美しく健康にしていきたいという創業の思いが次第に周囲に浸透。１９８２年（昭和57年）の『シェイプアップハウス』開設に続き、男性専門の『ダンディハウス』も１９８６年（昭和61年）に1号店を開設。口コミで店の評判が広まった。店で働くスタッフは丁寧に選んで、「サロンの質にはこだわりました」と下村。「人が商品ですから、人をどうやって集め、どう教育するかに努めました」と語る。基本は、「人」である。

ロールスロイスで通ってくれた客

エステティックサロン『シェイプアップハウス』（その後、『ミス・パリ』に改称）の1号店を開設したのは1982年（昭和57年）。場所は、前述したように、大阪市浪速区の難波。当時、難波球場のあった場所の近くで、人の行き交いも多い場所だったが、『シェイプアップハウス』の前には運転手付きのロールスロイスが止まっていた。『シェイプアップハウス』の評判を聞いて、芦屋（兵庫県）あたりの高級住宅地に住む女性客が通ってくれていたのである。

下村によると、1号店は「マンションの2階倉庫を借りてオープン」しており、ボロボロのマンションと高級車ロールスロイスとの組み合わせが面白い。

開業時のことであり、資金力はない。従って、店の広告も打てるわけではなく、せいぜい近所にチラシをまく位しかできなかった。それでも、芦屋あたりの富裕層が来店してくれることは有難かったし、自分の仕事に手応えを感じることができた。

「美しくなりたい。身も心も健康になりたいという人の気持ちが如何に強いかということを、改めて知らされました」

その時の気持ちを、下村はこう語る。

「評判は、口コミで伝わるということ。同じような思いを持っている人たちの間で、すぐ話は伝わっていくものだと思いました」と下村。

男性向けエステティックサロン『ダンディハウス』も1986年（昭和61年）に開設するが、この時も同じことを体験。

「ええ、似たような思いの人たちに伝わるんです。『ダンディハウス』の1番の会員は茨木カンツリーのメンバー、後にキャプテンを務められました」

名門ゴルフ場の茨木カンツリー倶楽部（大阪府茨木市）。1923年（大正12年）にオープンしたという歴史と伝統のあるゴルフ場。そのゴルフ場でキャプテンを務める人物が最初のお客だったという。

「皆さん、お仲間でしょ。どなたかが、『僕はダンディハウスへ行ってきたよ』とお話しされると、『じゃあ、みんなで行こう』ということで、来てくださいましたね。その他には、阪大（大阪大学）病院のドクター達が同時期に最大で15人お通いでした。茨木カンツリー倶楽部の方々はルックス良く、阪大のドクター達は疲れを取りにいらしていましたね。もう40年近く前のことです」

『ダンディハウス』は、『シェイプアップハウス』開店の4年後に1号店開店という時間軸。その頃の日本経済は１９７０年代に2度にわたって起きた石油ショックを乗り越え、社会全体が活気づいていた。

『シェイプアップハウス』、『ダンディハウス』共に、遠路はるばる足を運んできてくれる顧客を開店当初から持てたことで、下村は大いに勇気づけられた。

「女性達は、芦屋、神戸、京都、奈良からも。男性達は東京、沖縄からも通っておいででした」

この時、下村は男性の行動範囲の広さを知ったという。

『30分で行ける所』に次々とサロンをオープン

どんな人であれ、顧客には徹底して尽くす。そうした姿勢が評判となり、下村は店を次々と開いていった。

『シェイプアップハウス』の2号店、3号店を、1号店の1年半後に開店。京都、神戸、そして奈良にも展開していく。

「1年間に2店舗ずつ、関西中心に開店しました。大体、30分で行ける所に絞りましてね。

30分で行ける所を立地として選んだのは、何かあったら、すぐ飛んで行ける距離ですからね。気分的に安心でした」

肝心の人手は、すぐ集められたのか？

「いや、簡単には集められません。その当時、とても景気がいい時で、今のように人手不足でしたね。それで開店時は、わたし1人でサロンをオープンしました」

開店時にやったことは、まず人の募集。

「ええ、新しい店の仕事は面接から始まるんです。面接をやって社員を採用し、そこから教育を始めます。そして2、3週間後から、お客様をお入れするという段取りでした」

新しいサロンで面接をして、人を雇い、そこで教育をして、教えながら一緒にお客様を迎え入れるというスタイルだった、と下村は当時のことを語る。

要は、丁寧に、丁寧に人を採用していったということ。

「やはり、人が商品ですから。人をどうやって集めて、人をどうやって教育するかというので、わたしたちのサロンの質が決まりますからね」

後々、下村が人材教育のスクール、専門学校、そして専門職大学を創っていく下地というか、原点が創業時にあったということである。

人と人のつながりで

幸い、サロンを手伝ってくれるスタッフにも恵まれた。

「わたしの友人で、まだ結婚前の人たちがいましたからね。手伝ってもらいました」

学友たちも25～26歳位の時で、花嫁修行で洋裁教室やクッキング教室に通っており、「店を手伝って」と頼むと、みんな仕事ができるとワクワクしながらやってきました。

池坊短期大学時代の友達、また短期留学したカリフォルニア大での学友が手伝ってくれた。下村にリーダーシップがあり、求心力があったということであろう。大学時代の友人が創業時代に手伝ってくれたことは、下村にとっても大いに励みにもなったし、勇気づけられることにもなった。

「みんな、お金持ちのお嬢さん達。店の中の掃除も家にいるお手伝いさんの仕事のようにきれいにしてくれる。お弁当は重箱入りでわたしの分までお手伝いさんが用意してくれる。お客様を大事にしなければいけないんだというのは、マニュアルで学ぶのではなく、それこそ大阪の商家のお嬢ちゃんたちが多かったから、自分の家できちっと教えられてきているんですね」

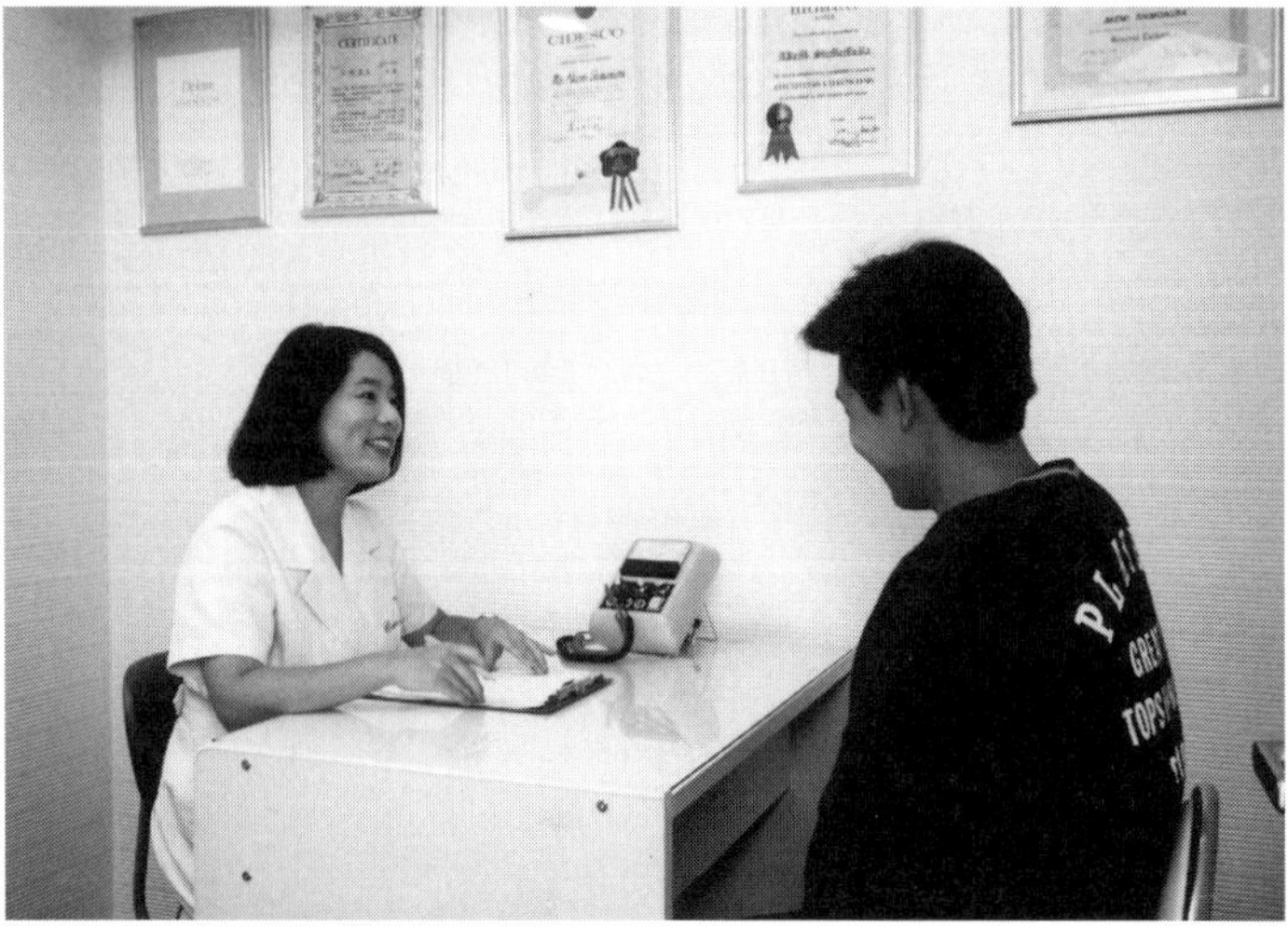

創業当時のカウンセリングの様子

この頃の学友たちも、自分の結婚のことなど、人生の大事な岐路に立っている時。この時に手伝ってもらった友人との付き合いは今も続く。「本当に幸せです」と下村は友人たちの支援に感謝する。

起業は、いろいろな人たちからの支援、励ましがあってこそ成り立つ——。このことを、起業から40年余経った今、強く感じる下村である。

大阪ミナミ・戎橋での思い出

大阪・ミナミの道頓堀にかかる戎橋《えびすばし》。ミナミの中心地、心斎橋商店街と戎橋商店街をつなぐ橋である。

戎橋付近はグリコの看板、動く巨大な

カニなど巨大看板が立ち並ぶ観光スポットでもある。大阪を代表する賑わいの場所。その戎橋は、下村にとっても思い入れのある場所である。

「創業当初、あの戎橋のところで、チラシ撒きをしていたんですよ。そうすると、どうも当局の許可を受けてチラシ撒きをしなければいけなかったみたいで、あの戎橋のたもとに派出所があるんですけれども、それが目に入ってない。その派出所の前で、一生懸命にチラシを撒いていたんです（笑）」

店の宣伝のために、橋を行き交う人々にチラシを手渡していたら、巡査が目の前に現れてきて、「モシモシ」とやられた。

「お嬢ちゃん、お嬢ちゃん、ここはなあ、橋やから、勝手にチラシを撒いたらあかん。次から、撒きたかったら、許可を取って撒ける場所で撒くんやで」

その巡査はそう言って、「社長さんにそう言うといて」と下村に向かって告げた。

「その頃、わたしもお嬢ちゃんっぽかったんでしょう（笑）。社長さんに言うといてと言われて、『はい、分かりました』と（笑）」

橋の上でのチラシ撒きは駄目という〝決まり〟だったらしく、その巡査はそう優しく言ってくれたわけである。

「でも、大阪のお巡りさんはいいなと思うんですよ。橋の上のチラシ撒きは駄目ということなのですが、30分間ほど撒かせてくれましたからね。30分、40分ほど経ってから、『お嬢ちゃん、お嬢ちゃん』と呼び掛けてきましたからね（笑）」

そうやって、創業当初のチラシ撒きを振り返る下村である。

この時も、お客の愛情を強く感じさせられる一幕があった。チラシを撒いている時、サロンのお客様の1人が、下村の姿を見て、「いや、先生、大変やね」と言って、チラシ撒きを手伝ってくれたのである。大阪の有名なお蕎麦屋のお嬢さんであった。

派出所の巡査の粋な計らいといい、お客がチラシ撒きを手伝ってくれたことといい、「みなさんに、回りの人たちに応援してもらってここまで来ました」という思いを深める下村である。

「お巡りさんの言葉もありがたかったわけですが、後から考えたら、ああ、30分も40分も撒かせてくれたんだわと思って。だからこそ、これからちゃんとしなければいけないと思いましたね」

お客様の立場に立って

起業した場所が大阪というのも下村にとって、良かったのかもしれない。自分のやるべき仕事を決め、その仕事を始める時の人と人のつながり、そして社会のルール、慣習といったことなどをよく考えさせられるスタートラインであった。

「はい、大阪スタートが良かった。大阪のお客様は何でも言ってくれるでしょ。1から10まで大阪の商《あきな》い関係者は教えてくれるんですよ。店のベッドにパンと横になった途端、『先生、ヒサシの所、ホコリがね、寝ていると見えるよ』と教えてくれるんです。それで、自分がベッドに横になってみると、ホコリが見えて、気づかされるんです」

店を綺麗にすることはもちろんだが、自らもお客と同じようにベッドに横になって、店の内外を見て回る。つまり、「お客様と同じ目線に立つことの大事さ」ということ。

「いろいろなことを教えていただきました。経営の心配までしてくださり、損益分岐点は？と聞かれ、損益分岐点て何やろう？　と経済学で追試を受けたわたしは聞き返したものです。大阪のお客様は怒ったり、文句言ったりするんですけどね。それは、そうしながら、自分の好みの店に変えていって、長く通おうとしてくれているんですよね。だから、こちらも言われたことはしっかりやっていく。そうすると長く通ってくださる。わたしが始めた頃のお客様の中には、今でも通ってもらっている人たちがいます。ありがたいことです」

人と人のつながり、人間関係がいかに大事かという創業期の教訓である。

第7章

自然豊かな種子島に生まれて。両親のあたたかい愛情と支援に感謝

『心身ともに美しく』――。25歳でエステティックサロンの1号店を開店した下村。順調に仕事を伸ばしていくぞという矢先に、悲しい出来事が起きた。1号店を出した半年後、母・清子が亡くなった。しかし、亡くなる直前に病床の母から下村は励まされた。「神様からいただいたこの命、寿命がある限り、一生懸命に生きないとね」と言って、病と闘う母の姿勢。そして母亡き後、懸命に自分の仕事に打ち込んだ父・秋義。「両親には本当に感謝しています」と語る下村。そうした感謝の気持ちが、人と人とのつながりを大事にする経営に発展していく。

母の死にショックを受けながら……

１９８２年（昭和57年）に起業し、エステティックサロン『シェイプアップハウス』（現ミス・パリ）の1号店を開店した下村。しかし、1号店を出した時、「母は喜びませんでした」と述懐する。

「普通に結婚して、幸せになってくれると思っていたんですよね。だから、母はすごく残念そうに、何であなたは普通にしていてくれないのと。父もそうでした。両親にしたら、一番の幸せは、わたしが田舎に帰って、結婚してくれることだと思っていたのだと思います」

『シェイプアップハウス』1号店を開いたのは、下村が25歳の時。

「その年の9月にオープンしたのですが、実は、11月に母が癌だと分かって入院して、翌年の3月に亡くなったんです。だから、母は、わたしが店のオープンでバタバタしている姿しか見ていないんです」

病気の原因が分かって入院した四カ月後には亡くなってしまったということで、下村の受けた衝撃も大きかった。

「ええ、女の子にとって母親というのは、一番の相談者であり、理解者であり、本当に心の支えですからね。それまでのわたしの人生はと考えた時に、レモン色だったなとその時に思ったんですよ。何だか幸せで、いい人生だったんですよ。母が亡くなって、人生がドッと変わってしまったというか、ものすごいショックで1年半は朝晩、毎日泣いていました」

母は50歳という若さで亡くなった。大切な存在の人が、ある時、突然亡くなることの喪失感は大きい。

ただ、若いといっても、本人は店を切り盛りしなくてはならない。経営者の立場に立ち、下村には感ずることがあった。

「母が亡くなったことは、わたしの人生から何もかも無くなったというほどのショックでした。その喪失感の中で仕事をしていて、お客様はこんな倉庫みたいなお店に、お金を使ってくださって、何てありがたいことなんだと思ったんです。わたしにはもう、このお客様達しかいない！　その時から、お客様に対する頭の下げ方まで変わっていきましたね。お客様の年代も、母のような年代の方も多ございましたから、優しく接するというか、何かわたしのほうが懐《なつ》いている感じでしたね（笑）」

母にはもっともっと楽になってもらいたいという気持ちがあった。それなのに、母は早く亡くなってしまい、下村もそうした気持ちを埋めるため、顧客を幸せにしてあげたいと一生懸命美容を学ぶ日が続いた。

顧客との距離もぐっと近くなり、中には、「今日はひな祭りだから、ちらし寿司を作ってきたわよ」と差し入れをくれたり、「トマトがいっぱいなったから、これを皆さまに差し上げて」と自家菜園の野菜を持って来てくれる客もいた。

また、自宅の庭に花が咲いたからと、サロンに「花を生けてくださるお客様もいらっしゃって、本当にありがたかったですね」と下村。

「わたしは、母が死んだことを話したつもりはないんですが、お客様たちは知ってか知らずか、すごく優しくしてくださったんです。だから、その時わたしは、ああ、もうこのお店しかないんだと思ったんです」

下村が続ける。

「母が亡くなった時に、父はまだ53歳だったんですね。それで、自分でお弁当を作って会社に行っていました。でも、１年位経った時に、会社で意識を失って倒れたんです。わたしはもう心配で、当時住んでいた大阪の病院で父のことを診てもらったら、虚血性心疾患と言われて、そこから投薬治療が始まりました。そうか、わたしには悲しんでいる暇はないんだと。まだ父がいるのだから、しっかりしなければいけないと思いました」

父は郷里の鹿児島県種子島で働いていて倒れた。「もっと自分がしっかりしないと」という気持ちが、下村の心の中で強まっていった。

『美しく生きる』を若い人たちにつなぐ

こうして、下村はエステティックサロンの経営に打ち込んでいく。そして、経営の基本には、自らの座右の銘である『美しく生きる』を仕事の中で実践していこうという考えがあった。

『美しく生きる』という下村の姿勢は、京都・池坊短期大学でお茶やお華を学んだことも影響しているが、何と言ってもその大部分は、幼少期、青春期の両親との生活の中で形成された。

そして、郷里・種子島の〝豊かな自然〟の中で育まれた美意識が、その根底に流れているると言えよう。

先述しているように、下村は起業して8年後の1990年(平成2年)にエステティシャン養成のための『ミス・パリインターナショナルスクール』を開校。2008年には学校法人化して、専門学校へ。20年には『ビューティー&ウェルネス研究所』を設立。さらに23年4月、『ビューティー&ウェルネス専門職大学』を横浜に開校した。

専門学校をつくり、さらに研究所、専門職大学を設立するという思いやエネルギー。それはどこから生まれてくるのか。

「専門学校をつくって、2~3年経った時に気づきました。若い人たちとのギャップが分かっていなかったんです。若い人も、『花をきれいに生けなさい』と言ったら、生けられるのだけれども、何のために花を生けるのかが分からない。それで、日本人はお客様がいらっしゃる時には花を生けてもてなすものなのよ、という話をするわけです。なぜ生の花でなければいけないのかとか、日本の文化、歴史につながる話をしていくと、だんだん理解してくれるんです」

人と人のつながりを大事にしていきたいという下村の思いである。

自然豊かな種子島に生まれて

「日本人は、季節を大事にする民族だからなのよ。季節の楽しみ方を覚えましょうねとか、そういう日本古来の教えを伝えておかないと。その当否はともかくとして、やはり日本人ですから。そういうものの考え方や暮らしぶりがあって、わたしたちの生き方が出来上がっているということも伝えておきたいという思いがあります」

下村は、鹿児島・種子島の出身。種子島と言えば、鉄砲伝来で知られる。1543年（天文12年）、ポルトガル商人が種子島に漂着。この南蛮商人から鉄砲2挺のうち、1挺を島内の鍛冶職人に命じて国産化したのが第14代島主（大名）の種子島時堯（1528―1579）。残りの1挺は、島津氏を通じて、室町幕府に献上されたという。

鉄砲を初めて国産化したという島内の鍛冶技術のすごさもさることながら、これを機に、鉄砲が国内の天下取りに大きな影響を与えていったことは言うまでもない。

また、現在は島内に種子島宇宙センターが置かれ、日本の宇宙開発の拠点として、人工衛星打ち上げなどをしている。

黒潮がめぐり、東西の文化・技術が交流する種子島。その種子島は下村の人格形成にどのような影響を与えたのだろうか。

京都弁に近い言葉が……

「わたしの家の家紋は『対い蝶《むかいちょう》』なんです。種子島にはチョウチョウ（蝶々）の紋が多いんですね。平家の紋がチョウチョウなんですよ」

種子島は、源平合戦で敗れた平家が流れてきたとも伝わる。

「はい、そういう流れがあって、言葉も鹿児島弁とは違うんですね。鹿児島弁みたいに、語調が上がったり、下がったりするような話し方はこちらにはありませんでした」

下村は種子島の言葉について、「例えば、近くにおいでと言う時に、〝ねきにおいで〟と言うんです。ありがとうは、おおきに。これは、京都でも使いますし、種子島の方言は京都弁が多いんです」と語る。

実際、下村は京都の池坊短期大学で学んだ時も、種子島との縁を感じたという。

「池坊で3人の偉い先生がいらっしゃって、その中の羽生さんという方が拠点の六角堂(京都市)から東京に池坊を広めました。この羽生さんが種子島の人なんです」

その池坊との縁で言えば、池坊の華道で使う〝花ばさみ〟も種子島でつくられるハサミだという。かの鉄砲伝来の時、地元の鍛冶職人が国産の鉄砲をつくり上げたと記したが、種子島には、この鉄砲の材料となる鉄をつくる技術があった。

「はい、種子島は砂鉄が採れるんですね。その砂鉄を溶解して、鉄をつくっていたわけです。それで、ハサミや包丁をつくってきました」

1歳の頃、母と共に

下村が続ける。

「だから、そういうものが大昔から延々と受け継がれてきているんですよ。そういう所ですから、本当に農家の奥さんたちも花を生ける習慣があるんです」

江戸時代の鉄砲国産化といい、最近の宇宙センターといい、種子島は最先端のものを手がけてきたということ。

種子島は、お隣の屋久島とは少し風土が異なるという。

「屋久島は観光地、お土産品、またホテルやペンションづくりにしても、種子島よりはずっと前向きです。比べてみると種子島も何とかしなければという面が残されていますね」

文化や風土にいいところがあるが、島全体の振興を考えると、もう少し踏ん張ってもいいという下村らしい郷土愛である。

懸命に生きることの大事さを母の言葉から……

自分の人生を切り開いていく上で、下村はまず両親のあたたかい愛情と支援があったと感謝する。父と母、それぞれに教えや愛情をもらってきたと感謝しながら、「特に母は、命を大事にするということ、そして、美しいものを見て喜ぶことを教えてくれました」と語る。

母・清子は、下村が26歳になったばかりの時に亡くなった。

「手術して、４カ月後に亡くなったんですね。ずっと熱も38度６分が続きまして、髪の毛は抜けるし、どんどん痩せていきましてね。本当に辛かったと思います」

病床の母を看ながら、亡くなる１カ月ほど前に、下村は母に訊ねた。「お母さん、こんなに辛かったら、楽になりたいと思わない？」と。

すると、母からは、「神様からいただいた命だから、生きている間は一生懸命生きないとね」という答えが返ってきた。

そして、母は続けた。

「１週間くらい前に夢を見たのよ。お父さんとお母さんがわたしを迎えに来てくれたのよ」

という母の涙ぐみながらの言葉であった。

　この病床での母の言葉を聞いて、下村はハッと思った。

「あ、人は死ぬ時に、お父さんとお母さんが迎えに来てくれるんだ。なんて素敵なんだろう。それから、わたしは、将来訪れるであろう死が怖くなくなりました。その時までは母のように一生懸命生きよう。そうしたら、両親が迎えに来てくれる。わたしは一人っ子でしたからね。今でも父母が恋しくてなりません」

　下村の両親は共に鬼籍に入った。しかし、心のどこかで両親とはつながっている。

「人には寿命があります。寿命分だけは一生懸命生きなければいけないんだということを母から教わりました」

　自分の仕事に懸命に打ち込む。そして、次の時代を担う人材育成、人づくりの日々が続く。

第８章

両親との絆を大事に、そして、自分のやりたい仕事に打ち込む

「そんなに豊かではない普通の家に生まれましたが、母からは本当に優しく、大切にしてもらいました」と下村は母・清子に心の底から感謝する。その母親は、下村が起業して半年後に急逝。50歳の生涯だった。悲しみに暮れる下村だったが、開店したサロンの年配客にも励まされ、社業に打ち込んだ。そして、母亡き後、自分の仕事に精を出す父・秋義の姿にも学ぶところが多かった。「父がいるから、しっかりしなければ」という思い。両親との絆には深いものがある。

母が亡くなって間もなく、今度は父が……

「お客様の中には、母のような年代の方も多くいらっしゃり、優しくしていただきました。庭に咲いたからと、お花をサロンに持って来て生けてくださったり。本当にありがたかったですね」

母・清子は50歳で亡くなった。下村が26歳の時で、大阪・難波にエステティックサロン1号店を出して半年後であった。

母は亡くなる直前まで、懸命に生きようとした。「神様からいただいた命だからね」という母の言葉は今でも、しっかりと下村の心に刻まれている。

下村は家族のつながりを大事にする。母が亡くなった時、父・秋義は53歳。働き盛りで毎日、自分で弁当を作って会社に行き、仕事に精を出していた。その父が、母が亡くなった1年後、会社で倒れ、意識を失った。

「わたしも心配で、当時住んでいた大阪の病院で診てもらったら、虚血性心疾患と言われたんです」

母が亡くなった上に、父まで病に倒れてしまったということで、「母のことをいつまでも悲しんでいる場合ではない。わたしにはまだ父がいるから、自分がしっかりしないといいけないと思い直しました」と下村。

下村は25歳で起業した。そして1代で今のミス・パリ・グループを築き上げた。『美しく生きる』を信条に、心も体も美しく健やかな人づくりを企業理念としてエステティックサロンを手がけ、その人材育成のために、エステティシャン養成スクール、専門学校、さらにはビューティ＆ウェルネスに関する学問体系を備えた専門職大学を開学した。

経営の根本は人づくりにあるという下村の思想であり、人生観・経営観。人づくり、人材育成にこれだけの情熱を傾けるエネルギーはどこから生まれてくるのか——。

下村の人生の足取りを見ると、両親から受けた愛、そして人と人のつながりの中で、下村が知らず知らずのうちに人材育成を自らの使命として醸成してきたのであろう。

両親が自分に注いでくれた愛情、特に母・清子には「大切に、大切に育てられた」という感謝の気持ちが下村の中にある。

そもそも起業するという志も、「必ず成功して、両親に恩返しをしたい」という思いから生まれたものだ。

「わたしは養女でした。そして1人っ子だから、年頃になって、『お世話になりました。お嫁に行きます』とは言えないと思っていたんですね」と下村はその原点を語る。

中学３年時の出来事に……

下村は１９５７年（昭和32年）３月生まれ。生後４カ月の時、父・秋義、母・清子の養女として、下村家に入籍。乳児の頃の出来事で、幼少時はそうしたことに対する意識もなく、普通の女の子として育った。

自分が養女だと知ったのは、中学３年の時であった。

「その時、突然、実の母親が家を訪ねて来たんですよ。自分の小さい子どもを連れて、少し派手できれいな女性でした。それで、『ああ、朱美、大きくなったわね』と言い出したので、戸惑ったんです」

いきなり、『大きくなったわね』と言われて、おそらく下村が、怪訝な表情を見せたのだろう。すると、その女性が、「えっ、聞いてないの。わたしが本当の母親よ」と言い出した。

下村が中学3年の時の出来事である。それまでにも、近所の子どもたちと遊んでいて、『もらわれっ子』といった意味合いの言葉を投げかけられたことがあった。幼心にも、「何かあるんだろうな」と感じてはいたが、直接、両親に聞くのは怖かった。

中学3年のその日まで、そんな曖昧模糊とした日々を送っていた。それが、子連れの〝見知らぬ女性〟が突然、家にやって来て、下村に、「母親だ」と名乗ったのである。

その女性は、しゃべるだけしゃべって帰っていった。下村自身は、「すごいショックでした。自分の部屋に戻り、顔を洗って、母のところに行ったんです」。

その時、下村は子ども心に思った。「わたしより、お母さんの方がショックを受けているのでは。お母さんが可哀想だ」と。

母・清子は台所に立って、涙を流しながら、夕飯の支度をしていたという。

「優しく繊細な女性でしたからね。泣いている母の姿を見て、わたしもつらかったです」と下村は当時のことを述懐する。

しばらくして、父が仕事から帰ってきた。毎日、夕食は親子3人で食べていたので、自分の泣いた顔を元に戻そうと、「一生懸命に冷たいお水で顔を洗って、それで普段どおりにニコニコして、ご飯を食べました」と下村は語る。

夕食の間中、母はずっと下を向いていたという。下村は、とにかく普段どおりに明るく振る舞おうと努めていた。

親は子を思い、子は親を気遣う——。その日は、普段とは趣きが異なる下村家の夕食であったが、親子の愛情の中で、互いに相手を思いやる3人であった。

中学・高校時代はテニス部のキャプテン

少女時代、小学・中学時代もクラスのまとめ役だった下村。

「クラスの委員長をやっていましたし、中学・高校時代はクラブ活動も積極的にやって、中・高ともテニス部のキャプテンを務めていました」

秋の運動会の季節になると、「応援団長もやっていました」と笑う。活発、明瞭な生徒であったようだ。

高校は、鹿児島県立種子島高校に進学。当時、県立高校で唯一寮があったそうで、生徒を大切にする進学校として知られていた。1学年260人で、昔は、東京大学に進学する生徒も出しており、志望者の多い高校。

「わたしは、京都に行くと決めていましたから、京都の薬科大学を受けたのですが、落ちてしまいました。京都でまだ試験がある所はどこかと探して、池坊を受験して、合格したんです」

当初、下村はいい仕事に就き、両親に恩返しをしたいと思っており、薬剤師を目指し、ビジネスウーマンになりたい、働く女性になりたいと考えていた。しかし、薬科大学には落ちてしまった。ビジネスウーマンになる入口で挫折したので、ここは「180度大回転して」、両親が勧めるように、「いいお嫁さんになろうと思って（笑）」と、下村は次のように語る。

「着物を着て、お茶をたて、花を生ける。そんな奥さんになろうと池坊短期大学を選びました」

ユーモアを交えて下村はこう語るが、もし薬科大学に進学することになっていたとしたら、今のミス・パリ・グループはなかったであろうし、下村自身の人生行路もまた違ったものになっていたであろう。

「ええ、薬剤師になっていたら、薬局でオムツを売っていたかもしれない（笑）」

人生には、いろいろな局面、さまざまな要因が絡まって、その行路が定まる。要は、どんな場面に遭遇しようとも、前向きに生き抜くということである。

先生と生徒の対話で……

学校ではまとめ役で、その頃からリーダーシップを発揮していたのであろう。先生たちとのコミュニケーションもうまく取れていた。

「毎朝、クラスの出欠を取る委員もやっていて、職員室に出席簿を取りに行ったり、返しに行ったりと、よく出入りをしていました」

すると、教師たちからは、「おう、朱美、来たか」と声がかかる。体育の先生に面白い人がいて、「こいつは本当にいい奴なんだよ」と酔っ払いのように誉めてくれることもあった。

20歳の成人式にて

もちろん誉めてもらえる時ばかりではない。

「はい、わたしも宿題を忘れたりすると、『朱美、手を出せ』と言われて、物差しでバシッと叩かれましたよ(笑)」

そういう厳しい先生にはファンも多い。

「わたしが不参加の時でも、郷里で何かの集まりがあったりすると、先生をお呼びするそうです。先生方もその頃のことをよく覚えていてくださって、『朱美はいい奴だったよな』とおっしゃるんだそうです。何が良かったのかは知りませんが、未だに覚えていてくださることが、嬉しいです」と言う下村である。

中学生は多感な時期で、反抗期になることもある。大人にも何かと抵抗したり、生徒同士での反目もあるなど、とかく難しい時期である。

「だから、先生たちも、そういうことを察しておられたのではないでしょうか。先生たちがわたしのことを認めてくださっている。だから、先生が思うような人間にならないといけないと子ども心にそう思ったものです」

教える側と教えられる側、教師と生徒の間にも、互いに認め合う心の交流によって信頼感が醸成され成長できるということ。そして何より、幼少期に両親からもらう愛情の大切さである。

「はい、両親はずい分、愛情をかけてくれたと思います。うちの社員や学生たちを見ていても、親の愛情をたくさんもらっている子たちは、柳のようにしなやかで強いんです。何があってもしなやかに戻って来られる。だけど愛情不足だったり、親とうまくいっていない子たちというのは、何かがあった時、ポキッと折れてしまうんですね」

今も続く両親との『対話』

人と人のつながり、特に親と子のつながりは誕生した時から始まり、大事なもの。

下村は、母・清子が亡くなった後、そして父・秋義が倒れた後、父と一緒に大阪、東京で暮らす生活を送った。

正確には、父が60歳で定年退職してから、２０１８年、88歳で天寿を全うするまで、下村は父・秋義と一緒に住んだ。

「一時は、４世代同居でした」と下村。下村本人とその子ども、そして孫たちと父の４世代の同居である。

人と人のつながりが薄く感じられる昨今、家族のつながりを大事にしたいと考える下村である。現代の状況を下村はどう見ているか？

「実の子どもだったら、心臓をえぐるようなひどい言葉でも平気で親に言うじゃないですか。年上の人に失礼な態度も取る。わたしは親に、そんなことは絶対に言ったことも、したこともありませんでした。だから、遠慮のある他人のほうがいいなと思ったりしますよね（笑）」

下村はこう言いながらも、父・秋義とは違う意見を言い合うこともあったと言う。「銀座の本社ビルを建てる時も、建設費が莫大になり、オロオロしていたわたしに、もっと金を貯めておけと言われましたね」と屈託なく笑う下村。

母が亡くなって40年が経つ。

「昨日も、家の庭に小さい黄色のチョウチョウが来て、ヒラリヒラリと飛んでいるんですよ。昔から黄色いチョウチョウは母だと決めているんです」

黄色のチョウチョウは母親、白いチョウチョウは父親と決めて、チョウチョウが現われた時は、「あっ、お母さん今日も綺麗ね」とか、「お父さん、久しぶり」と声をかける。両親との対話は今も続いている。

第9章

母亡き後、父を引き取り、親子4代が同居

親が子にかける情愛、その情愛を受けて成長する子――。親子のつながりは一緒に住んでいて醸成されるもの。下村は母・清子亡き後、父・秋義が故郷・種子島に1人で住んでいることが気懸りであった。父が会社で倒れた時には、自分の居る大阪の病院で診てもらった。父が60歳で定年退職してからは、現在の東京・田園調布の自宅に住んでもらった。家族の団欒、憩い、安らぎの中で養われた明るい心が、近所付き合いや仕事を前向きにさせてくれる。

母の死後、1年半はショックで……

1982年（昭和57年）、下村が『シェイプアップハウス』（現ミス・パリ）1号店を開いたのは9月のこと。母・清子のガンが分かって、直ちに入院し、治療に当たったが、翌年3月に亡くなった。

「女の子にとって母親というのは、本当の心の支えでしたからね。母が亡くなって、ものすごいショックで1年半ほど朝晩泣いていました」

大切なものを失った喪失感――。愛情をかけて育ててくれた母。自分にとって掛け替えのない母が人生半ばで亡くなったことに、茫然自失の日々が続いた。

そうした日々を送る間も、大阪・難波に開いたサロンをはじめ、チェーン店に顧客が訪ねてきてくれた。

「皆さん、母のような年代の方も多くございまして、お店に来ていただくことが本当にありがたくてね。その時から、頭の下げ方もすごく変わってきました」

母に接するように、下村は「懐いているような感じ」でお客に接していたという。

常連客が増えてくると、親密度はさらに増していった。「ヒナ祭りだから、ちらし寿司を作ってきたわよ」とか、「家庭菜園でトマトを作ったから食べて」とか、「この花飾って」と店に持って来てくれた。

自分の母が亡くなったことを知ってか知らずか、母と同じ世代の顧客から親切にしてもらうことでまた、母のことが思い浮かんできた。顧客から優しくしてもらうようになり、「その時、わたしにはもうお店しかないんだと思ったんですよ、母がいなくなって」と下村。

母の生き方が、下村の人生に大きな影響を与えている。

その母の存在が無くなり、寂しさを感じると同時に、いや、どこかで自分を見てくれているはずと思う。そして、自分の確かなものを手にしようともがいていると、周りの母と同世代の人が親切にしてくれる。そうやって、人とのつながりの中で、人は生きていて、また、生きていく。

故郷・種子島では親子3人で生きてきた。自分は、家庭の温もりを十二分に感じて育ったという下村の思い。

前述のように、母が亡くなった時、父・秋義はまだ働き盛りの53歳。毎朝、自分で弁当を作り、会社に仕事に行っていたのだが、突然倒れた。母亡き後、1年くらい経った時のことであった。

「意識を失って倒れたと聞いて、本当に心配でね」と下村は当時住んでいた大阪に父を呼び寄せ、大阪の病院で診察してもらった。

虚血性心疾患と診断され、それから父は薬を飲む生活が始まった。それ以降は、父もずっと元気に過ごし、88歳の天寿を全うした。

それはともかく、父が会社で倒れたのは、母の死後1年位のことで、その時から悲しんでばかりいるのを止めることにした。

「父が頑張っているのだから、自分もしっかりしなければいけないと思いましたね」

母の死は、26歳になったばかりの下村が1号店を開いてから半年余りのこと。事業をスタートさせて間もない時の母の死の衝撃は大きいものがあった。

しかし、父も懸命に生き、またエステティックサロンを訪ねて来る顧客たちは親切にしてくれる。家族と自分、自分とお客の1人ひとり、人と人のつながりが自分の経営するサロンだけでも、これだけあると思うと、下村は大いに元気づけられた。

父が元気な時は4世代同居で

「父とは、60歳で父が定年になってから88歳で亡くなるまで、4世代同居で一緒にいました」

4世代同居は、今の日本ではもうほとんど見られない。下村を基軸に見れば、父―本人―子―孫という4世代である。世代の違い、行動様式の違いも加わって、4世代同居の下村家は賑やかであった。

種子島は、先述のように、歴史的には平家の落人が流れてきたといわれており、京言葉が残っている。〝ねきにおいで〟は、「近くにおいで」という意味で、下村も郷里にいた時よく使っていた。

父と同居していた頃、東京・田園調布の自宅では、よく種子島弁が出てきたという。

父が家の中で物を運んでいて、「あえた！」と叫ぶ。物を落としてしまったという意味の『あえた』。こうした種子島で使われる言葉が咄嗟に飛び出してくるのである。

家の中で、その光景に出くわした下村の娘たちは、「ええっ、おじいちゃん、どうしたの？」と思わず聞き返す。

「物を落としたんだよ」という返事に、〝あえた〟はそういう意味だったのかと、娘たちも納得するといった4世帯同居ならではの一幕である。

父・秋義との対話

「父は、いつも言っていましたね。普通でいい、普通でいいと言って。ある時に、もう社長をやって長くなった時も、『無駄なお金は使わないように』とわたしに言うんですね。昔から、わたしは財布にお金が3万円入れていたんですよ。でも、別にこれといって使うこともなくて。電車に乗って通っていましたからね。お金を使うこともなかったんだけれども、ある時に父がポロッと言うんです」

何と言ったのか？

「父が、お前も立派な会社の社長になったんだから、5万円位は使ってもいいとか言うんですよ。それで、ハイ分かりました。これからは月のお小遣いは5万円にしますと（笑）」

両親から愛情をたっぷり受けて育った下村。親子の対話を聞いても、何かほのぼのとしたものが多い。

父・秋義は、誠実で人懐っこい性格、人柄のせいか、誰からも好かれるタイプであった。

「もう誰からも好かれてね。大阪に住んでいる時も、東京に引っ越してきても、ご近所さんたちから、『おじいちゃん、おじいちゃん』と呼ばれましてね。毎朝、家の前を掃くんですけど、隣も、その隣も、あったら全部掃いてしまうんですよ（笑）」

隣の家や又隣で、木の枝が道のほうに伸びて、塀などを越えている場合は、「ピッと切っちゃうんですよ（笑）。田舎の人だから」と下村が往時の光景を振り返って語る。

母の死後、父とフランスのライン川クルーズにて

今の東京で、塀を越えているからと枝を切り落としてしまうと、その家の住人との間でトラブルになりかねない。

「わたしも、そんなことをしたら、怒られるからやめて（笑）」と下村は言っていたそうだが、ご近所からは何の〝苦情〟もなかった。

父・秋義は自家菜園で野菜を作り、収穫するとご近所に配るなど、普段からご近所付き合いをしていた。

大阪・千里山丘陵に住んでいた時はキュウリやナスのほかにも、「家庭菜園でヘチマなども作っていました」という。

「ヘチマはいっぱいなりましたね。ヘチマは若いうちに、ミソ炒めにしたり、ミソ汁に入れたり、ナスと同じ使い方をするんですね」

ヘチマを食べたことがない人からは、「どうやって食べるんですか？」と聞かれる。すると、「こうやってと、食べ方まで教えたりして、ご近所同士の会話が弾むんです」と下村は語る。家庭でのコミュニケーション、また、お隣さんたちとの関係が良好であれば、それは仕事にも好影響を与えてくれる。

日本の家庭の味で世界をつなぐ

下村は、ミス・インターナショナル選考を主宰する（運営団体は一般社団法人国際文化協会）。2023年10月26日、第61回ミス・インターナショナル世界大会が国立代々木競技場第二体育館で行われた。

世界各国・地域から70人の代表が参加。トップの栄冠はベネズエラ代表が獲得した。

下村はこのミス・インターナショナルの主催を2013年から引き受けている。

ミス・ユニバース、ミス・ワールドと並ぶ、世界の美の祭典であり、各国代表も大会に参加するため日本に滞在する間は緊張している。少しでも緊張を解いて、日本を楽しんでもらえればと、しばらくの間、毎回、各国の代表を自宅に招待していた。

下村の自宅を開放してのミス・インターナショナルたちの歓談会というか、歓食会であ

ミス・パリ・グループが長年に渡り協賛する「ミス・インターナショナル」

る。世界のミス・インターナショナルが集まると聞いて、日頃、近所付き合いをしている奥様方たちから、「手伝うわよ」と温かい励ましをもらった。

「わたしは七面鳥を焼く」、「わたしは卵焼き」、「わたしはハワイアンサラダ」といった感じで、ご近所さんが手伝ってくれた。

「赤飯を炊いたりしてね。日本の家庭の味を各国の代表に楽しんでもらおうと。本当に皆さん大忙しでしたよ（笑）」と屈託なく笑う下村。

海外に、〝おふくろの味〟という表現があるのかどうかわからないが、ミス・インターナショナルコンテストで来日して、味わう〝おふくろの味〟を各国代表も大いに楽しみ、日本の味と人の温かさを感じ取ったのではないだろうか。

父母亡き後の〝父母との対話〟

母・清子が亡くなって40年、父・秋義が亡くなり5年が経つ。父母から大きな愛情を受け、大学は京都に行かせてもらい、大事に育てられた下村の両親に対する感謝の気持ちは強くて深い。

幼少期から育ててもらい、中学、高校、短大へ進学させてくれ、その後、起業家人生を歩き、ミス・パリ・グループを構築するまでを、親にはずっと見守ってもらったという思いが下村にはある。

前章で記したように、家の庭にチョウチョウが飛んで来た時、下村は決まって声を掛ける。

「黄色のチョウチョウが母で、白いチョウチョウが父なんです。チョウチョウが庭に来ると、『あっ、お母さん、久しぶりやわ』とか思って。そういうものを見て楽しんだり、玄関のドアを開けた時、うちは周りが公園ですから、大きな木がありましてね。下から2つ目の枝を父と決めているんですよ。それで、何か困ったことがあったら、『お父さん、今度こんなことがあって、どうしたらいいと思う？』と言って話すわけです。そうすると、ザワッ、ザワッと揺れたりするんですよ。枝が話し相手になります。だから、両親とかご主人とかを亡くした人にも、近所の樹木に何でもいいから、話しかけたらどうですかと話しているんですよ」

下村は、〝父の枝〟と週3日は対話しているという。

一木一草に命が宿るといわれる。そういう日本人の感性は、四季が豊かで、自然と共に、あるいは自然の恵みを得ながら生きてきた環境の中で育まれてきたものであろう。

「ええ、下村家は神道ですから」と下村は言う。

郷里・種子島には、下村神社という小さな社があり、また地誌には、下村家が150年ほど前に羽生家と一緒に小学校をつくったという記述があるという。

150年前は明治維新の直後。それまでの寺子屋制度を変え、義務教育の普及に明治政府が注力していた。地域の有力者がそれに寄進、貢献したものと思われる。悠久の時を経て、人と人とのつながりの中で、わたしたちは生きている。

第10章

事業を創り出す——。東京ニュービジネス協議会会長に就任

起業家の集まる『東京ニュービジネス協議会』（略称ＮＢＣ）会長に下村が就任したのは２０１４年（平成12年）４月。ＮＢＣは１９８５年（昭和60年）に発足。前身の『ニュービジネス協議会』からだと、第８代目の会長であり、女性の会長は下村が初めてであった。下村は〝女性活躍推進委員会〞を設置するなどの新機軸を打ち出す。新しい時代を、自分たちの手で切り拓くという思いがそこにはあった。

ＮＢＣ設立の時代背景とその歴史

東京ニュービジネス協議会（The Tokyo New Business Conference、略称ＮＢＣ）――。

ニュービジネスを振興し、延いては日本経済全体に活力を吹き込もうと、政策提言や研究・情報提供を行い、起業家同士で互いに啓蒙・啓発し合おうという経済団体である。

前身は、１９８５年（昭和60年）に設立された社団法人『ニュービジネス協議会』（略称ＮＢＣ）。その頃の日本は米国に次ぐ自由世界第2位の経済大国になっていたが、戦後40年が経ち、2度にわたる石油危機や日米貿易摩擦などもあり、新しい成長戦略をどう描いていくかという新たなステージを迎えていた。

その後の日本の姿を付記すると、80年代後半にバブルが発生し、90年代初め、まず株価が暴落、次いで不動産赫々の大暴落という形でバブル経済が崩壊。この後、日本は〝失われた30年〟と言われる低迷期に入っていく。

そうした意味では、ＮＢＣの設立は、戦後日本の、まさに一大転換期に差し掛かっていた時期ということ。

当時の通商産業省（現経済産業省）を主務官庁に、ニュービジネスを官民挙げて振興し、日本経済の新たなステージをつくり上げようということで、NBCはスタートした。

1985年の出発時の理事長には経済学者の野田一夫（元多摩大学学長）が就任。産・官・学連携の体制を整えた。初代会長には、関本忠弘（NEC社長、会長を歴任）が就任。86年から94年まで会長を務めた。その後、樋口廣太郎（元アサヒビール社長・会長）、高原慶一朗（ユニ・チャーム創業者）と、当該産業を牽引する経済リーダーが会長職を受け継いできた。

5代目会長の志太勤（シダックス創業者）の時に、前身のニュービジネス協議会が改組される。全国各地に同様な協議会が設置され、力を合わせていこうと、日本ニュービジネス協議会連合会（JNB）が設置された。

そのJNBが2005年に社団法人化され、東京都を中心とした関東地区に、関東ニュービジネス協議会が発足。その後、2012年に一般社団法人『東京ニュービジネス協議会』に名称変更されたという経緯。

第5代会長・志太の後、池田弘（NSGグループ会長）が受け継ぎ、その後、大久保秀夫（フォーバル創業者）を経て、2014年、下村が第8代会長に就任した。

歴代会長には有力経済人がズラリ

長々とNBCの歴史を書いてきたのは、歴代会長には、その時代の課題解決を託された各業界トップが選任されているということを知ってもらいたいからだ。

わが国を代表する経済団体には経団連（日本経済団体連合会）、商工会議所（日本商工会議所）、そして経済同友会がある。過去には、旧日経連（日本経営者団体連盟）があり、わが国の労政問題を担当、賃上げ問題などについて発言をしてきた。その日経連は2002年、経団連と統合した。

NBCが発足した1985年当時、産業界にも新しいビジネスの振興を期待する声が多かった。当時、『財界』誌でも、そうした声を取り上げ、「第5の経済団体設立へ期待高まる」と報じている。初代NBC会長に決まった関本らも大企業出身者ながら、ニュービジネス振興の必要性を熱く説いていたものだ。

そうした歴史を持つNBC第8代会長に2014年春、下村が就任。しかも、女性会長は初めてということで、メディアでもひとしきり話題になった。

改めて、このNBC会長就任の話はどこから出てきたのか？

「女性の社会進出が進むと共に、わたしの生業でもありますエステティック業も発展して参りました。女性が自身で稼ぎ、自由に使えるお金ができたということです。しかし、働く現場では、当時は女性のトイレもロッカーも不足し、今まではお茶を出してくれたらいいと思っていた女性達が、どんどん男社会に侵食してくる、女性達は権利を主張、男性達は女性達にどうやって仕事を任せたらいいのか、頭を抱えていた時期かもしれません」と次のように話す。

「わたしがNBCに入会したのが、2008年頃だったと思います」

2008年といえば、同年秋に世界的金融危機のリーマン・ショックが起きた年。世界経済が激動していた頃の下村のNBC入会である。

「たまたま、わたしは2005年『世界優秀女性起業家賞』を受賞しまして、そのことが縁で、NBC入会につながったんです」

南アフリカ・サンシティでの起業家関連の式典で

世界優秀女性起業家賞（The Leading Women Entrepreneurs of the World）——。米国の非営利団体、ザ・スター・グループが世界の優秀女性起業家の情報をもとに業績評価を行い、1997年から優れた女性起業家を表彰していた。

それまで50カ国、約300人の起業家が表彰されており、日本人では坂本春生（元西武百貨店副社長）、篠原欣子（テンプスタッフ＝現パーソルホールディングス創業者）、森英恵（ファッションデザイナー）なども受賞している。

表彰式は毎年場所を変え、世界の主要都市で開催される。第1回はパリ（1997）、次いでロンドンという形で世界各都市を舞台に授賞式典が行われ、2005年はカナダのバンクーバーで開催された。

「わたしが受賞した年は、バンクーバーのロータリアンたちが式典の面倒を見てくれましてね。とにかく女性が活躍するようにと、何かそういう思いがあったみたいですね。それでバンクーバーで開催して、その次の年が南アフリカのサンシティだったんです」

前年の受賞者は、その翌年の受賞者を祝い、激励するために式典に出席する慣わし。

「翌年の受賞者がココイチ（壱番屋）と、やずやだったんです。やずやの矢頭さんは本拠地が福岡ということで、九州の経済リーダーの皆さんが応援でサンシティまで来られたんですね〝応援団〟の中に、お仏壇のはせがわの長谷川裕一会長（当時）がいらっしゃったんです」

長谷川は福岡を拠点に全国規模で経営を展開しており、当時、ＪＮＢ（日本ニュービジネス協議会連合会）の会長を務めていた。家業のはせがわを上場会社（東証スタンダード）に育て上げるなど、発想力と行動力の豊かな経済リーダー。

そして、やはり福岡に拠点を構え、健康食品の通信販売で知られるやずや社長の矢頭美世子（同社3代目社長）も女性トップとして活躍しており、九州ＮＢＣの副会長を務めているという間柄であった。

「それで、長谷川会長は日本のＪＮＢ会長を、東京以外の人で初めてお務めになっている方ということでね、行動力のある経済リーダーです。その時に南アフリカでお会いしまして、同じ九州人だから、応援しなければということになりましてね」

そこで、ＮＢＣ設立の経緯やメンバーの活動を聞いた下村は、「じゃあ、わたしも入会しましょうか」と申し出た。

当時、矢頭は九州ＮＢＣの副会長を務めており、下村自身も同じ九州出身という縁もあり、下村は九州ＮＢＣに入会するつもりでいた。

しかし、長谷川が、「下村さん、東京ＮＢＣに入会してくれませんか」と発言。

全国組織のＪＮＢ（日本ニュービジネス協議会連合会）会長である長谷川の申し入れに、

下村も、「はい、分かりました」となり、下村のNBC入りが決まった。

池田弘の後を受けて、第8代NBC会長に

それからである。NBCの人事が急に動き始めた。

「はい、東京NBCに入会して、半年位経った時に、ある日突然、理事になれと言われましてね。『何だろう、この急な話は』と思いましたけどね（笑）」

その頃、ニュービジネス協議会関連の組織が全国各地にできており、中央組織としてのJNB（日本ニュービジネス協議会連合会）を社団化しようという動きが出ていた。

その後、2005年にJNBは公益社団法人化され、東京NBCは『関東ニュービジネス協議会』に名称変更される。

この関東ニュービジネス協議会は間もなく、現在の東京ニュービジネス協議会に名称変更。そして2006年、東京NBC会長に池田弘（現JNB会長、NSGグループ会長、アルビレックス新潟会長）が就任。東京NBCの理事となった下村は副会長にも選ばれ、池田・東京NBC会長を支えていくことになる。

「JNB会長を長谷川さんが引いて、池田さんがその後継会長を受け継ぐということにな

りました。それで、NBCの次期会長を誰にするかという話になったんです」

２０１４年初めの頃のこと。時あたかも、第２次安倍晋三政権が発足（２０１２年）して間もない時。安倍政権は〝三本の矢〟（金融緩和、財政出動、民間経済の成長）で日本再生を図ると宣言していた時期である。

「ええ、ちょうど安倍元総理が女性の活躍推進ということをずっと言われていましたので、女性にやらせてみようということになり、急にわたしの名前が出てきたんですね」

下村の名前がNBC次期会長として取り沙汰され始めたことについて、本人はその時どう思っていたのか？

「わたし自身は美容家一筋に歩いていきたいと思っていたし、経済人だと言われても、何か他人事のような気がしていたんです。だから、なぜ、こんな風にコトが動くんだろうなと思っていました（笑）」

しかし、本人の戸惑いは斟酌されず、事態はアレヨアレヨという間に動いていく。

女性活躍をうたう安倍内閣の政策もあって、産業界でも女性取締役を増やせという掛け声が高まるなど、女性活躍の場が広がろうとしていた。

NBC関係者の間でも、「経済団体で一番に女性会長を誕生させよう」という声が強まっていた。そして、２０１４年4月、下村は第8代・東京ニュービジネス協議会会長に就任したという足取りだ。

さらなる女性活躍の場を！

下村はＮＢＣ会長に就任すると早速、『女性の活躍推進委員会』を設置、各種のフォーラムを開くなど、女性委員の活躍の場を広げていった。

「産業の各分野で、わたしたち女性の声を伝えていく。直接伝えたい人に伝わることが難しい時でしたからね。産業界のパーティでも、男性陣が前方や真ん中にいて、後ろの方にちょろちょろと女性がいるという状況でしたからね」

下村は、それこそ意識的に、積極的に行動していった。すると、動けば動くほどいろいろな人がさまざまな場面や局面で話を聞いてくれた。

「経済産業大臣になられた小渕優子さんも、いろいろと意見を聞きたいと仰って、大臣室に呼んでくださったりしましたね。小池百合子・都知事とも都庁で何度かお話をさせていただき、要望や意見を出させてもらいました。ＮＢＣの女性会員達に沢山の経験をしてもらいたいと思いましたね」

こちらが積極的に動き、真摯に対話すれば、行政や関係当局からも耳を傾けてもらえるということ。

「はい、やはりあの団体（NBC）は素晴らしい、存在感のある組織だと痛感しましたね」

と語る下村である。

第11章

ロールモデルは自ら創る——。同じ思いの人材育成へ、ミスパリ学園を創設

ミス・パリ・グループは学校法人『ミスパリ学園』をグループに持つ。同学園は『ミス・パリ・ビューティ専門学校』と『ミス・パリ・エステティック専門学校』、そして『ビューティ&ウェルネス専門職大学』（２０２３年春開学）を持ち、人材を育成。下村が起業したのは１９８２年（昭和57年）で25歳の時。起業時から〝人づくり〟の重要性を認識しての『ミスパリ学園』創設である。下村の創業時、日本ではまだ女性経営者は少なかった。「ロールモデルは自ら創る」をモットーに、自らの経営者人生を切り拓いてきた下村は、人材育成を重要視。事業を支えるのは『人』である。

顧客に支えられて技術の向上を！

「やりたいと思うことを自分の仕事にしてきました」――。

ミス・パリ・グループは2022年（令和4年）に創業40周年を迎えた。その際、筆者が下村に改めて起業した時の思い、その志や使命感はどんなものであったのかという質問をした。その時、下村の口から出てきたのは「自分のやりたいと思うことを……」というものであった。

それは、大層に構えて事業を興したというものではなく、ごく自然体で仕事を始めたという下村の素朴な思いであった。

ただ、この40年余の起業家人生を振り返る時、「お客様を大切に！」という思いは人一倍強く、その思いを胸に事業の第一歩を大阪で踏み出したことは、「非常にラッキーでした」と言う。

いま、ミス・パリ・グループは東京銀座に本社を置き、北は北海道から南は九州・福岡まで店舗を展開。海外では中国・上海、台湾に出店、海外市場開拓にも意欲的だ。

新しい事業や新しいサービスを創り出す――。大阪は戦前から、ニュービジネスを生み出してきた土地柄。戦後の高度成長期も、松下電器産業（現パナソニックホールディングス）などの家電企業が大きく世に羽ばたいた。

大阪の歴史をたどれば、江戸期は大坂と呼ばれ、政治の中枢は江戸（現東京）が担い、大坂は経済の中心地としての役割を果たしてきた。大坂には各藩の蔵屋敷が立ち並び、米相場が形成された。世界に先駆けて、先物相場を創り上げたのも大坂である。

「ええ、今までにないもの、新しいサービスを生み出す風土が大阪にはあると思います」と下村も語る。

日本では1980年代に〝ベンチャービジネス〟や〝ベンチャーキャピタル〟という言葉が盛んに使われるようになった。その頃、大手証券系のベンチャーキャピタル首脳に筆者が取材すると、「新しいサービスは大阪から誕生する。われわれも大阪発企業に注目している」と発言していたのを思い出す。

例えば、SI（システムインテグレーター）のSCSKの前身、CSKはコンピュータ・ソフトウェア開発の先駆けとして1968年（昭和43年）に大阪で創業した。創業者である大川功は、後に東京NBC（ニュービジネス協議会）の会長も務めている。

下村が『シェイプアップハウス』（現ミス・パリ）1号店を大阪・難波に開店したのは

25歳の時。大阪での開業であったが、顧客には西宮や芦屋、奈良、京都の富裕層も訪れるようになり、「それはお客様に鍛えられました」と往時を振り返る。

「大阪のお客様は、掃除や礼儀、気の利くサービスまで、わたしたちに様々なことを教えてくださりながら、自分の居心地の良いサロンを作って行きました。わたしたちは、お金を頂きながら、最高の教育を受けられました。お客様が技術やサービスをどんどん上手にしていってくれるんです。本当に感謝しかありません」

美容・エステティックの世界でいえば、地方で美容室などを営む経営者たちが、自分の子供を大阪に〝修行〟に出すことが今でも多いのも、顧客や技術を大事にする大阪の文化風土を学ばせたいという思いからである。

商人《あきんど》の精神。今や死語と化した〝商人〟だが、要は顧客に選ばれるために、仕事やサービス向上に励む大阪の風土が歴史的に形成されてきたということ。

もっと言えば、上質の客とのやり取りで、自らの仕事の質を高めてきたということだ。

「ほう、面白いやないか、もっとやってみなはれ！　みたいな所がありますね（笑）」と下村も語る。

相手（客）から学ぶことが多いということ。自らを高め、常に技術を磨き続ける。もっと言えば、物事を究めるということである。

人材育成のスクールを設立

こうした思いを日々の仕事の中で感じていた下村は、人材の育成が大事と考えて、1990年（平成2年）、エステティシャン養成スクールを設立。大阪・難波に1号店を開いて8年後、下村が33歳の時である。

下村が起業した1980年代初め、ベンチャービジネス支援制度はまだ未整備であった。文字どおり、自立自助で自らの進路を切り開いていかなければならない時代。今のように、子育て支援制度もなく、男性中心の社会で、女性が働くのも珍しいという時代で、経営と子育ての両立をどう図ってきたのか？

「やはり病気になりました。33歳ぐらいの時で、子どもが2人いました。仕事も子育てもと、あれもこれもとやっていたら目がグルグル回り、倒れてしまいました」

その時、店舗は15店舗ほどに増えており、下村が倒れても普段通りに営業し続けた。

「みんな必死で、まだ19歳とか20歳とかの社員たちがもう必死で、仕事をやってくれていました。昔の子たちは、やはり義理人情がありましてね。わたしには娘が2人いまして、

創業以来、人づくり、人材教育の大切さを一貫して説き続ける下村さん

うちの娘達が中学生になるまでは自分達は結婚できないとか言って頑張ってくれました」と、当時の社員たちの踏ん張りに感謝する。

下村と女性社員たちとの絆《きずな》は強かった。

その女性社員たちは30数年経った今も、若く美しく元気に働いてくれている。

同じ夢に向かって、共に働く同志として長年一緒にやってきた社員達は、社員と言うより、家族みたいなもの。良い社員に恵まれたと感謝していると言う。

話を人材育成学校の設立に戻そう。

顧客に喜んでもらえるような美容・エステティックのプロフェッショナル人材を育てたいという思いで始めた『ミス・パリインターナショナルスクール』（1990）は現在の学校

法人『ミスパリ学園』に発展。

学校法人『ミスパリ学園』は現在、専門学校（ミス・パリ・ビューティ専門学校、ミス・パリ・エステティック専門学校）とビューティ&ウェルネス専門職大学の2つを抱える教育機関となっている。

事業を担うミス・パリ・グループと学校法人『ミスパリ学園』との関係について、下村が語る。

「やはり、学校は学校として、この学校の卒業生が欲しいと思って採用してもらえるような人材を真剣に育成しないといけない。わたしどもの会社も、この会社で働きたいと思ってもらえるようないい会社にならないといけない」

下村は、双方の関係とそれぞれの生き方についてこう語り、「どちらも、それぞれの目標、目的に向かって努力していく」ことが大事と話す。


ロールモデルは自分たちの手で創る！

ロールモデルを自らの手で創る——。下村は自らの思いで店（サロン）を開き、ここまでやってきた。起業から40年余、世の中も大きく変わってきた。中でも、女性の働く場が増え、活躍する機会が多くなった。

若い女性経営者も近年増えてきた。このことについて、下村はどう感じているのか？

「わたしは、内閣府の男女共同参画委員をして、いろいろな場所で女性たちの話を聞く機会がありました。驚いたのは、若い女性経営者たちが一番困っているのが、ロールモデルがいないということだったんです。誰を、どんな生き方を目指せばいいのか分からないと。それはもう15年ぐらい前の話ですけど、『エッ？』と思ったんです」

金融機関に信用がない、子どもを預ける場所がないとか、介護が必要な親を抱えているなど、女性が働くのは大変だからといった悩みが多いのかと思っていたら、女性社長達は、誰を目指せばいいのか分からないという話であった。

男女雇用機会均等法が成立したのが1985年（昭和60年）のこと。以来、育児休業法（91年＝平成3年）、パートタイム労働法（93年）、次世代育成支援対策推進法（2003年）、そして女性活躍推進法（15年）が成立するなど、女性が就労しやすいように環境を整備する法律が次々と制定された。

「昔は、お父さまが急に亡くなって家業を継がなければいけないとか、ご主人が亡くなっていうケースが多かったですね。どちらかというと、不幸な女性たちが仕事をやっていたというところがあって、とにかく、子どもや社員を食べさせなければいけないとか、そういう暗いイメージがありました。10年ぐらい前からは大企業を辞めた頭脳明晰な女性たちが起業し、これは面白くなって来たと思っていたんです」

そうした頼もしい若き女性経営者たちと言葉を交わしていると、「ロールモデルがない」と判で押したような返事が返ってくるではないか。下村には何か違和感があった。

人々の意識も、時代と共に変化していくものなのかという思いと同時に、下村の胸の中では、もっと仕事を自分たちの手で創り出すという考えがあっていいのではないかという思いがこみ上げてきた。

下村はそれ以来、『ミスパリ学園』での人づくり・人材育成の重要性を改めて再認識すると共に、起業家を目指す人たちにとって、自らが「お手本になるような生き方をしないといけない」と考えるようになった。

「わたしは、皆さんのできるだけいいお手本になれるようにと。仕事をしているのが楽しく見えるように、生きているのが幸せに見えるように、そんなお手本にならないといけないと思っていましたね」と気持ちの変化を語る。

人づくりの基本は変わらない

生き方も価値観も多様な時代であり、人それぞれで違う。大学卒業後、就職して3年後には次の職探し、つまり転職を考える人も増えている。

「仕事のやり甲斐とか、生き甲斐を欲する人もいるだろうし、そこで知り合う仲間とのふれあいで、非常に家族的ないい付き合いができるとか、そういうものを欲する人たちもいます」

多様な時代である。しかし、大事な教育の基本は変わらない。

下村は、「世の風潮に流されるのではなく、自分たちの夢に向かって懸命に働き、お客様に喜んでもらえるような仕事をしていく。そういう考えのグループでありたい」と語る。

学校法人をつくったのも、起業時から人づくりの考えを下村が抱き続けていたからだ。途中、下村が体調を崩した時に各店舗を切り盛りし、経営を支えたのは、前述した通り、同志であり、家族的存在である社員たちであった。

起業当時を振り返って、下村は「わたくしの昔の学校は、自宅のコタツだったんですよ。社員たちを自宅に呼んで、コタツを囲み、エステティックの技術や理論、カウンセリングなどを教えてきました。彼女たちもそこで何かをつかみ、育っていきました」。

下村の全ては、『美しく生きる』という座右の銘から出発している。人づくりの基本はいつの時代も変わらない。

特別対談①

日本ニュービジネス協議会連合会会長
（ＮＳＧグループ会長）　池田　弘

×

東京ニュービジネス協議会第８代会長
（ミス・パリ・グループ代表）　下村　朱美

「日本再生へ向けて、今は最後のチャンス。自ら物事を考え、実行していくリーダーの育成を」

「自らの人生を自らの手でつくりあげるということに社会全体が戸惑っているのではないか」——。失われた30年、と言われ、長く停滞が続いてきた日本経済。しかし、日経平均株価は史上最高値を更新、日銀はマイナス金利政策を解除するなど、日本経済は今、大きな転換点にある。そうした中、次代を担う人材をいかに育てていくのか。日本ニュービジネス協議会連合会会長で、東京ニュービジネス協議会の第6代会長をつとめた池田氏と、第8代会長をつとめた下村氏の特別対談——。

押し付け教育の弊害が出ているのではないか

――ニュービジネスの振興に寄与し、起業家支援を行っているのが、東京ニュービジネス協議会（NBC）です。今回は日本の起業家育成について伺う予定ですが、本題に入る前に現在の経済状況をどのように捉えていますか。

池田　国内では少子化や政治の混乱もあって、経済の見通しが厳しい状況にあります。株価は上がっていますが、特に地方においては、少子化や東京一極集中への対応が大きな問題になっています。

その中で、改めて考えると、本質的に人づくりをしていかなければならない。どういうことかというと、若い人たちが自立して、なおかつ、日本国を背負っていくというぐらいに、日本を何とかしなければいけないという意識を持つ人材を、一人でも多く育てる必要があるなと感じています。

――そういう意味で、若い人たちの育成に手応えはありますか。

池田　はい。いろいろな不安や懸念はあれど、わたしは、日本人はまだまだ捨てたもんじゃないと思っています。

本質的に、日本人はチャレンジ精神が旺盛で、敗戦の焼け野原から立ち上がって、これだけの経済復興を果たしてきたわけです。そういう意味では、十分な素質があるし、名目GDP（国内総生産）ではドイツに抜かれて世界4位になったなどと言われますが、これだけの日本をつくってきたDNAはまだまだ捨てたものではないと思います。

――力強い言葉をいただきました。下村さんも人づくりに注力してきた40年でしたが、いまの現状をどのように感じていますか。

下村　日本はこれまで〝失われた30年〟と言われてきましたが、失ったものでいちばん大きなものが、日本人としての誇りや自信、チャレンジ精神だったのではないかと思います。というのも、やたら周りばかりを気にする人が増えて、子供たちを見ても本当にいい子ばかりです。わたしたちが小さい頃は、待たされるのが嫌で駄々をこねたりしたものですが、今の子たちは大人が何か言えば、皆そつなくこなすし、「待っててね」と言ったら、1時間でも、2時間でも待っていてくれます。

手がかからないいい子たちなのかもしれませんが、あまりにも聞き分けが良過ぎて、これは型にハマった押し付け教育の弊害が出てきているような気がしてなりません。

――子供たちがマニュアル化しているんですね。

下村　金太郎飴ではありませんが、あまりにも「こう聞かれたら、こう答えるのよ」という教育が増え過ぎたのでしょうかね。子供の頃から大人の言うことに疑問や不満を感じない、自分で物事を考えようとしない子供たちが増えていくというのは、ちょっと残念だなと思います。

――最近は少子化で大事に育てられるあまり、一人ひとりの個が弱くなっているという話もありますね。

下村　わたしはコロナ禍が大きなインパクトを与えたのだろうと思います。昨年、大学に入学した学生たちは高校3年間、ほとんどオンライン授業で人との接点がなかった人たちです。

友達とどう付きあっていいか分からないという悩みを抱えた学生が非常に多いです。生身のコミュニケーションが少なかったから、どこまで踏み込んでいいとか、どこで引いたらいいのか分からない学生がいて、それでクラスメートを傷つけたり、中に溶け込めないと悩める学生がいます。

コロナが収束しても、オンラインの授業や会議は一定程度続いていくと思いますが、わたしは、改革や改善を行おうとするのであれば、人と人が集まってコミュニケーションを

池田 弘

いけだ・ひろむ

1949年新潟県生まれ。國學院大學で神職を学んだ後、77年に愛宕神社の宮司となる。同年に新潟総合学院を開校、理事長に就任。現在はNSGグループ会長、アルビレックス新潟会長、日本ニュービジネス協議会連合会会長などをつとめる。2006年から12年まで東京ニュービジネス協議会会長をつとめた。

とることで初めて達成できるものだと思います。ですから、以前のように飲み会や食事会などの機会をつくり、リアルの接点を増やしていって、人とのコミュニケーションを増やしていくことにより、業務が効率的に進み、チームワークよく楽しい会社になるのではと考えています。

日本人はもっといろいろな分野でリーダーになれる

――これは大事な指摘ですね。いかに人を育てていくかというのは。

池田　要するに、いろいろなものを支えていくのは人なんですよね。特に日本は資源の無い国ですから、余計に人が重要になる。

下村さんのご指摘の通り、今はオンライン授業や通信教育が増えてきて、勉強自体は学校に行かなくてもできる時代になりました。そのような中でも、周りの人たちと一緒に何かを体験するとか、協調性を育むというのは、経験をするからこそ身につくものだと思うんですね。

在宅で勉強しても優秀な子は優秀なんだと思いますが、一方で、そういう子たちのコミュニケーション能力をいかに育てていくかというのは大きな課題だと思います。

―― では、内向き体質をいかに外向きにしていけばいいと思いますか。

池田 わたしは日本の戦後教育は東京大学をピラミッドの頂点とする暗記教育で、あるものを学習することに関しては、ものすごい競争をして伸びてきたことは間違いないと思います。

ところが、ここに来て気づいたことは、自ら考える、自らの人生を自らの手でつくりあげるということに社会全体が戸惑っているのだと思います。

ライフスタイルや価値観が多様化してきて、東大を出たからといって、官僚にならずに起業する人たちも増えている。官僚の人材不足を嘆く人たちもいますが、それでもいろいろな選択をできるようになったことは大事なことだと思います。

実際、野球の大谷翔平選手のようにアメリカで世界一をとるような選手が出てきたりして、サッカーでもバスケットボールでも世界で活躍する選手が増えてきました。スポーツの世界だけではありません。芸術家や文化人も世界で活躍している若者は沢山います。

こうした人たちの背中を押してあげることが、われわれの役目の一つだと思いますし、日本人はもっといろいろな分野でリーダーになれると思っています。

―― 下村さんも専門学校や専門職大学を設立するなど、人材育成に注力してきましたね。

下村　はい、このエステティックの仕事場は、お客様の心と身体を健康に導き、もっとキレイに、そして、幸せになってもらいたいと考える人たちが働いています。若い人たちが他人のためにこんなに一生懸命働いている、それを見て、私もこの仕事がしたいとこの業界に入りました。ですから、そんな素敵なエステティシャンたちが、自信と誇りをもって働ける職業でありたいとずっと考えてきました。

なんの資格がなくても働けるエステティシャンですが、専門的な技術や知識を持ったプロフェッショナルを育て、ここで働く人たちがお客様から信頼される職業にしてあげたい。そう考えて、1990年にエステティックのスクールをつくり、2008年に専門学校、そして、2023年に専門職大学を設立しました。

わたしは日本人が持つ基礎的な教養や、手先の器用さ、ホスピタリティは世界一だと考えていますので、サービス業で世界トップクラスの人材育成ができると確信しています。

——　今後は海外進出も考えられますか。

下村　すでにミス・パリ・グループでは、2009年から香港、上海、台湾、シンガポールへの進出が始まりました。アジアでは日本よりも高い料金でサービスが売れるんです。技術者が海外に出れば、彼らが使っている商品や機器も一緒に海外に出て行きます。技術者は使い慣れた機器や商品で自分のヘアスタイルや肌をつくっていくものです。これにより、日本の化粧品や機器の海外への販路拡大が実現できるとわたしは思っていますし、それは日本の国益に資することだと思います。
そのために、海外で働くビザの取得に必要な「学士」を持った専門職たちを世界に送り出していこうというのが、専門職大学を設立した理由の一つでもあるのです。

これからの世の中にはニュービジネスが必要

――では、NBCの話に入ります。東京NBCの6代目会長が池田さんで、8代目会長が下村さんです。まずはお二方がNBCに関わるようになったきっかけから聞かせてもらえますか。

池田 わたしは以前から、新潟を活性化するには人づくりしかないと。それも、新潟でチャレンジする人づくりをしない限り、学業的に優秀な人材が東京に出ていって、帰ってこないということを非常に悔しく思っていました。そこで若者を滞留する仕組みが必要だと考え、高校や専門学校を設立してきました。
実際、いい教育機関があれば、新潟の人たちも東京に行かないで残るということも選択してくれる。もっと言うと、県外からも人が来てくれる、外国からも来てくれるようになりました。

ところが、大学を含めて、せっかく新潟で勉強したのに、残念ながら、一生懸命勉強した人たちが満足できるような就職先が地方には少ない。特に最先端のものは存在しないということで、ベンチャーの育成や就職先の確保が必要だと思いまして、その時にNBCと出会いました。

——誰からの誘いでしたか。

池田　第4代会長で、ユニ・チャーム創業者の高原慶一朗さん（故人）です。高原さんに誘われて理事になり、シダックス最高顧問の志太勤さんが第5代会長になった時にわたしは副会長になり、第6代の会長になったということです。

NBCは1985年に誕生した経済団体で、元NEC会長の関本忠弘さんや元アサヒビール会長の樋口廣太郎さん（ともに故人）が、日本にベンチャーを起こす、イノベーションをしていくということを提唱してきました。

38年前から一貫して、事業のイノベーションやベンチャー育成に本気で取り組んできた団体です。ですから、最近、岸田文雄首相がスタートアップやベンチャー支援に本腰を入

れると言っていますので、われわれがこれからの世の中にはニュービジネスが必要なんだと言い続けてきたことは、決して間違いではなかったと改めて思います。

東京NBC初の女性会長に就任

――そうした流れを踏まえて、2014年から20年まで、第8代の会長をつとめたのが下村さんでした。

下村　はい。わたしは九州NBCの会長だった、はせがわ元会長の長谷川裕一さんと知り合ったのがきっかけです。それまで、わたしは美容やエステティックの業界しか知らない人間で、経済団体のことはよく理解していませんでした。

ただ、長谷川さんたちの話を聞いているうちに、皆さん、とても楽しそうにお話をされている。NBCは起業家の集まりで、下村さんも立派な起業家なんだから入りなさいよと言われまして、同じ九州人の長谷川会長の応援のために入ろうかと考えたのがきっかけです。長谷川さんの紹介ですから、わたしはてっきり九州NBCに入るのかと思っていたんですが(笑)、東京にもNBCはあるということで、東京NBCに入ることになりました。

――実際、入ってみて、どういう印象を受けましたか。

下村　先日、ハワイに行ってきて、現地で成功している女性の弁護士さんにお会いしてきたんです。数年前にNBCとハワイの女性経営者を集めて、フォーラムを開催したことがありました。当時の写真が飾ってあったんですね。それを見たら、当時参加していた女性経営者の方々は皆、その後、立派に成長していて、どんどん新境地を開拓している人たちばかりでした。しかも、誰一人欠けていないんです。

これは嬉しかったですね。皆さん、すごく立派な経営者になったなと感慨深く思うと同時に、NBCで勉強している方々ばかりですから、立派になって当たり前だなと思ったことでした。

池田　日本に女傑と言われる経営者の方が何人いると思いますか。今は女性経営者を登用する会社が増えましたけど、下村さんのように自ら切り拓いていった女性経営者はごく少数ですよ。

——下村さんが起業した42年前はまだまだ少なかったですかね。

池田　いや、今でも少ないですよ。女性が自立して、ベンチャーを起こして、これだけの規模に成長させたのは、下村さんとディー・エヌ・エー（DeNA）会長の南場智子さんの2人のような人はあまりいないと思います。

残念ながら、今の日本に自らリスクを背負って、ここまで会社を成長させた人というのは、ほんの数人だけですよね。だから、東京NBC初の女性会長として、下村さんが就任してくれたというのは、わたしも嬉しかったですね。

女性経営者のロールモデルを

——女性初の経済団体会長の誕生というのは大きな話題になりましたね。

池田　そりゃそうですよ。三顧の礼までいかないけど、無理やりお願いしましたから（笑）。

下村　わたしも池田さんに「なぜわたしなんですか？」って聞いたんです。そしたら、初めは女性のリーダーが出てこないと周りが活性化しないとか言っていたんですが、最後には「悪いことがあったらお祓いしてあげるから」って（笑）。

――池田さんはもともと宮司さんですからね（笑）。

池田　日本というのは表向き、ジェンダーレス社会だ、女性活躍社会だと言っていますけど、それを額面通りに受け止めることはできません。未だに、女性の方が経済団体のトップになって挨拶をしたり、発言したりするのは、日本社会ではまだ抵抗が大きいように感じるんですよね。「女のくせに」とか「女はわかっていない」とか言われてしまったりするわけですよ。

これはものすごい壁ですよね。ところが、そうした壁があっても、下村さんは乗り越えてきた。それは既存の業界とは違って、エステティックという新しい産業をつくってきたからなのかもしれません。既存の産業ではなく、ゼロからつくってきた人だからこその強みがあったのかもしれない。

ＮＢＣには企業規模はそんなに大きくないかもしれませんが、一生懸命頑張っている女性経営者も沢山いますから、たくましいですよ。

――ＮＢＣで女性経営者は何割くらいいるんですか。

池田　2割から3割くらいでしょうか。他の団体で、自ら起業した女性経営者がこんなにいる団体はありますかね。変な言い方をすれば、女性が自ら起こした小さい企業が集まっているかもしれませんが、だからこそ面白いんですよね。ゼロから立ち上げた人ばかりですから、遠慮なく自分の考えを発言するし、議論が活発です。

――下村さんはそうした壁にぶち当たった時、どんな思いで乗り越えてきたんですか。

下村　仕方ないというか、どこの会議に行っても、女性はいつもわたし一人でしたからね。池田さんがおっしゃったように、わたしが何か発言すると「このおばちゃんは何なんだ」と言われることもありました。今もそうですが、昔はそれが当たり前の世の中でしたから、いろいろな経済団体の新年会やパーティーがあっても、女性経営者はいつも後ろの方に固まっているんです。

でも、NBCは違います。男性たちが「前に行きなさい」と言ってくれるので、女性が最前列にいますよ。

――それは珍しいですね。

下村　ええ。これはNBCにはオーナー社長が多いということもありますが、太っ腹の男性の社長たちが多くて、皆さん、好きなようにやらせてやれと。もっと前に行かせてあげなさいと言ってくれますので、わたしも6年間、完全にぬるま湯の中で過ごさせてもらったのではないかと思います。

――これは他の女性経営者の方にもいいメッセージになりますね。

下村　各地のNBCの方々と連携して、「女性の活躍委員会」というのを立ち上げたんです。女性同士の方が気心が知れていますし、悩みを共有できるのではないかと考えて、交流会を開催したりしているんですが、いろいろな話を聞いていると皆さん、ぶち当たる壁がほとんど一緒なんですよ。

女性たちが一番悩んでいるのはロールモデルがいないということ。だったら、自分の経験やノウハウが少しでも皆さんのお役に立つことができるのではないかと。できるだけいろいろな職種の人たちとの出会いをつくって、「大丈夫ですよ」と言い続けていくと皆さん、大いにやる気になるんです。

ですから、わたしも何を聞かれてもアドバイスできるようになったことが嬉しかったですし、これからもいろいろな方々と交流を続けることで、自分自身をまた高めていきたいと考えているところです。

日本再生はリーダーの育成から

――最後に日本再生に向けて、若い世代へのメッセージを頂戴できますか。

池田　先ほど、日本人はいろいろな分野でリーダーになれると申し上げましたが、スポーツや文化の世界ではどんどん若者が世界に出て行って挑戦しているのに、残念ながら、グローバルの世界に飛び込んでいく経営者が少ないように思います。

これは日本の中でも、こじんまり生きていこうと思えば、それができるだけの経済規模があるからだと思います。しかし、それでは国力がこれからもっと落ちてきた時に、そうした人を救うことはできなくなるので、日本を再生するためにはやはりリーダーを育成しなければなりません。

リーダーというのは、自分で物事を考え、自分で実行していく人たちです。自分で実践する力がなければ誰もついてきませんし、いろいろな分野でリーダーを育てていくことができれば、まだまだ日本はやれると思います。何も手をつけなかった結果がこれだけの落ち込みを生んでいるわけですから、逆に言えば、手を打っていけばチャンスは大きいと思います。

その意味では、日本再生へ向けて、今は最後のチャンスではないでしょうか。

下村　大昔、女性が経営者になるというのは、お父様が急に亡くなって継がなければいけないとか、旦那が亡くなったとか、どちらかというと、不幸な女性たちが商売をやっていたところがあって、子供を食べさせなければいけないから仕方なくとか、そういうふうな暗いイメージがあったんです。

だから、どうしても女性経営者の集まりでは、不幸競争みたいに、誰が一番不幸で苦労しているのかが話題の中心だったりするわけです。しかし、今ではきちんと大学で教育を受けた知識人が起業するようになりました。

その意味では、「そんなに苦労するんだったら、大企業で働いた方がいいか」などと思うような人たちは減ってきたように思います。女性の方がチャレンジ精神が旺盛かもしれません。

男性でも、女性でも、身近なところにチャレンジしたり起業したりしているロールモデルがいたら、起業は身近に感じられ、最初の一歩が踏み出せると思うのですね。失敗もカッコの悪いことも全部経験したロールモデル達が周りにいるのですから、それも怖くないだろうし。

一生懸命なチャレンジは周りに応援者を呼びます。ですから、意欲があるのであれば、どんどん挑戦してほしいと思いますし、そんな人が増えれば、日本はもっともっと面白くなるのではないかと思います。

特別対談②

東京ニュービジネス協議会会長
（クリーク・アンド・リバー社会長）　井川 幸広

×

東京ニュービジネス協議会前会長
（ミス・パリ・グループ代表）　下村 朱美

「何事も全ては経験。最後は何とかなるという気持ちでいけば、大抵のことは乗り越えられる」

「最近は起業家の中身が違ってきたように思う」――。〝失われた30年〟と言われ、長く停滞が続いてきた日本経済。しかし、近年は岸田文雄政権が「新しい資本主義」政策の中で、スタートアップ・エコシステムの創出を掲げるなど、起業家を取り巻く環境が徐々に変わりつつある。そうした中、次代を担う人材をいかに育てていくのか。東京ニュービジネス協議会会長の井川氏と前会長・下村氏による特別対談――。

オーナーで太っ腹の社長が多いNBC

――起業家支援とベンチャー企業の成長を後押しするのが東京ニュービジネス協議会（NBC）です。前会長が下村さん、現会長が井川さんということで、今回は日本のベンチャー育成の現状と課題を語ってもらおうと思います。下村さんは2014年から20年まで東京NBCの会長をつとめたわけですが、この10年間の手応えをどのように感じていますか。

下村 わたしはNBCに入って本当に良かったと思っています。いろいろな経済団体や経営者の会合がありますけれど、わたしどものような中小企業にはピッタリの会だと思います。

他の団体ですと、勉強が難しくて、ついていけないなと感じたり、歴史のある会社ばかりの会合ですと、売上高や歴史、上下関係などを重視するようなところもございます。しかし、その点、NBCはオーナー社長が多くて、いわゆるサラリーマン社長が少ないんですね。決してサラリーマン社長が良くないと言っているわけではありませんが、オーナー社長は皆さん、話を聞いていても、特にわたしたち起業家にとって面白いなと思うところがたくさんあります。最後の責任は自分が取るといった心構えができています。大企業は会社の魅力、中小は社長の魅力から物事がスタートしている感があります。NBCでは、色々な社長に出会えて、多くのことを学ばさせていただいたと思っています。

――われわれもオーナー社長に取材をしていると楽しいですよ。

下村 何て言うか、皆さん、自分に自信があって太っ腹なんですよね。女性たちもこれから活躍しなければならないということで、女性経営者を前に、前に押し出してくれますよね。普通は「女のくせに」と言って、足を引っ張る人たちがいても不思議ではないのですが、そういう人たちもいませんし、本当に素晴らしい会だと思います。

実はNBCの会長の打診を受けた2年前にわたしは離婚をしていたんです。心細さや怖さもあり世間に隠していました。それで現在の日本ニュービジネス協議会連合会会長（NSGグループ会長）の池田弘会長に打ち明けましたら「そんなこと気にしなくていいから」とおっしゃるんです。

経済団体のリーダーになるというので、自分の中では、皆さんのお手本にならなければいけない、失敗のお手本になってはいけないと考えていたんですが、池田会長の言葉を聞いて覚悟が決まりました。

その後も池田会長を筆頭に、本当に皆さん、協力してくれましたね。

――これはありがたい言葉でしたね。井川さんは下村さんのバトンを受けて、2020年から会長をつとめているわけですが、今の下村さんの話も踏まえて、現会長としてはどのような現状認識でいますか。

井川　下村さんがおっしゃったように、会員の皆さんは人がいいんです。だから、わたしも会話をしていて楽しいし、勉強になることばかりです。

特に下村さんは初の女性会長ということで、苦労もされたでしょうし、一方でまた、新しいことにもどんどん挑戦されたと思います。下村さんが会長をつとめた6年間でかなりカルチャーが変わったと思うんですよ。

わたしは以前はずっと幽霊会員でしたから、あまり昔のことを知らないのですが、下村さんの前と後ではかなりNBCの雰囲気も変わったと思います。

あくまでも「メンバー・ファースト」で

――例えば、どのように変わったと思いますか。

井川　例えば、人を育てて、成長のための原動力をつくるところです。おそらく、悪い

井川 幸広

いかわ・ゆきひろ

1960年佐賀県生まれ。毎日映画社にて1年間修業した後、独立。フリーのメディアプロデューサー、企業のマーケティングのコンサルティングなどを経て、90年クリーク・アンド・リバー社設立、代表取締役社長就任。現在は代表取締役会長(CEO)。2020年より東京ニュービジネス協議会会長をつとめる。

意味で、男性の方が派閥をつくったり、他人を寄せ付けないところがありますよね。
しかし、下村さんはそういうことが全く無くて、年齢も業種も違う人たちが一緒になって育っていく。そういう多様性のカルチャーをつくられましたので、わたしはその路線を踏襲しただけです。その意味では、やりやすかったですね。

――その辺の壁を作らないというのは、下村さんも意識して心掛けたんですか。

下村 意識したのではなく、わたしにとって普通のことなんですよね。

井川 持って生まれた天性というか、下村さんのお人柄ですよ。

下村 昔から男性だろうと、女性だろうと、子供でも、お年寄りでもわたしの接し方は同じなんです。井川さんも同じだと思いますが、おそらく人が好きなんです。
わたしは人が好きだから、知らない人がいれば寄っていくんです（笑）。

井川 そうでないと人は集まってきませんよね（笑）。
今、東京NBCの会員が900名くらいで、来年くらいには1000名を超えると思うんですよ。ただ、われわれは数を増やしたり、規模を拡大することが目的ではありません。
あくまでも「メンバー・ファースト」で、NBCにいることで人脈拡大につながるし、会社の事業発展につながるよねと。こうしたことを会員の皆さんがいかに実感できるかというのが、わたしの次の会長の一番のテーマになってくると思いますね。

――任期はいつまで？

井川　来年ですから、2025年3月です。

先ほど申し上げたように、NBCの会員の方々は皆、人がいいんです。会社の規模に関係なく、一人の経営者、一人の人間として扱うようなカルチャーがあるんですよ。

そういうことを今の副会長や理事の方がよく理解していて、こうした土壌をいかに次世代につなげていくか。まさに下村さんがつくってきた土壌が社会に少しずつ根づいて芽を出し、この芽がだんだん膨らんでいっていますので、わたしの次の世代の人たちには、下村さんを含めた先輩方の思いを汲み取りながら、NBCを発展させていってほしいと思います。

――非常にいいお話を伺いました。今、NBCのメンバーのうち、女性経営者はどれくらいですか。

井川　約900名のうち、女性は120～130名くらいだと思います。東京NBCを中心に全国の女性経営者の方々の集まりがあるんですが、本当にエネルギッシュですよ（笑）。

下村　パワフルな方が多いのは事実ですね（笑）。わたしが会長をやっていた頃の東京NBCの会員は320〜330名くらいでしたから、もう3倍になっています。しかし、その時から女性が50〜60名くらいいたと思いますが、まだ倍にしかなっていませんよね。だから、早く3割くらいまでは増やして欲しいと思います。

資金繰りに苦労した創業期

――下村さんが起業したのは42年前、25歳の時でしたけど、最近の若手起業家を見ていて何か思うことはありますか。

下村　わたしがここ10年くらいで変わったなと思うのは、日本でも東京大学を出たような人たちが起業家になるということです。アメリカですと、ハーバード大学やスタンフォード大学を卒業した人たちが起業家になるんですが、日本では頭のいい人ほど官僚になったり、大企業に勤めたりしますよね。しかし、最近はその傾向が変わり始めて、従来とは起業家の中身が違ってきたように思います。

もう一つ思うのは、わたしが起業した時というのは、自分でお金を貯めて、できることからやっていこうというやり方だったんですけど、今はファンドやクラウドファンディングなど、いろいろな形の資金調達方法があります。
そういう方法が根づいていますから、時代が違うと言えばそうなんですが、昔のように汗水たらして稼いだお金でやりくりするのと、外部から資金を調達して事業をやっていくのでは、考え方もちょっと違うかなと思いますね。

――これは考えさせられる話ですね。どちらがいいとか、悪いとは言えませんけど。

下村　そうなんです。わたしは外部からお金を集めることが悪いことだと申しているわけではありません。
わたしは外部のお金を使うのであれば、ものすごく責任があると思うんです。このお金をどうやってお返ししていくのか。お金を出してくださった方々への責任ということを考えると、わたしだったら、そこまで大きなことはできなかっただろうなと思いますね。

――創業時は下村さんも資金繰りで苦労しましたね。

下村　ええ。例えば、2店舗目くらいから、店舗展開を考えるにあたって、銀行にお金を借りに行ったんです。ところが、当時は中小企業の保証協会の枠にエステティックという職業がなかったんですよ。

――エステは融資対象になってなかった。

下村　そうなんです。かといって、保証人になってくれる人もいませんから、自己資金だけで店舗を増やしてきたという感じです。エステティックの業界が保証の範囲に入るようになったのは、定かではありませんが、2000年代に入ってからではないでしょうか。ですから、それまではわたしも本当にただひたすら一生懸命に働いて、その姿勢を銀行の方が認めてくださり、融資の枠をつくってくれたりしていましたね。

――まずは地域の信用をつけるということですよね。

下村　それはとってもありがたいことでした。それがあったから、わたしどもは店舗展開ができてきたと思います。

やはり、信用は大事！

――井川さんは29歳の時に起業していますね。井川さんも創業時はいろいろな苦労があったと思うんですが。

井川　わたしはそれまでフリーランスのディレクターだったんです。結構稼いでいて、当時でも年収は4000万円くらいありました。だから、仕事はどんどん入ってきていて、29歳の時に独立しようと考えました。

それまでは、テレビでドキュメンタリーの制作を行っていたので、人の人生を追いかけていたわけです。ところが、今度は会社経営ですから、テレビドキュメンタリーが事業ドキュメンタリーに変わっていった。

だから、自分の中では対象は変わったけれども、ずっとディレクター業をやっている感じで、やっていることは何も変わらないです。

そういう中で自分が苦労したなと思うのは、もちろん、会社経営をやったことなどないし、お金が後から入ってくるというのも分からなかった。銀行へ行ったらお金を貸してくれるものだと思っていましたけど、全然貸してくれない（笑）。

―― 昔は松下幸之助さん（松下電器産業＝現パナソニックホールディングス創業者）など、銀行は貸してくれないものだと心得よと言っていましたね。

井川 ですから、仕事はあるんですが、売上が上がれば上がるほどどんどん資金が足りなくなって、本当は銀行から借りたいんだけど、貸してくれないので友人や知人などのパートナーを頼るしかない。

ただ、自分の中で決めていたのは、1日たりとも支払の期日を遅らせたことはないです。

―― それは立派ですね。

井川　やはり、信用は大事ですからね。もちろん、社員の力もあって、何とか事業をやりくりすることができて、4年ぐらいしてからですかね。やっと国民金融公庫が600万円のお金を貸してくれたんです。

600万円ですから、金額としてはわずかですが、それを借りて、返していくということが信用になったんです。そういうことが続いて、7年目ぐらいから、当時の三和銀行（現三菱UFJ銀行）がお金を貸してくれるようになりました。そこから経営はかなり楽になったように思います。

いい相談相手を持つことが大事

――やはり、経営に試練はつきものです。各自それぞれに試練があったと思いますが、その時はどういう思いで乗り切ってきましたか。

下村　試練やトラブルはいろいろありましたけれども、この時はわたしの出番と思ってやってきました。悔しい思いを何度も経験してきましたが、何事も経験。経験しながら学んでいったというのが実感です。

今、若い人たちと話をしますよね。そういう時に相談にのってあげたりするんですが、

わたしなりにいろいろ経験してきましたから、大抵のことは「そんなものよ」で終わります。そうすると相手の悩み事も「そんなものなんだ」で終わってしまうようです。

―― 今の若い経営者を見ていて、どんな感想をお持ちですか。

下村　パッと見ると危なっかしい面もありますが、わたしも25歳で起業し、同じようなことを経験してきましたので、似たようなものかなとも思います。

―― 若い人たちの悩みはどんなものが多いですか。

下村　もちろん、起業もそうですし、資金調達もそうです。

一番多いのは人の問題で、女性の場合は結

婚も、子育ても、離婚もある。わたしは一応全部を経験しましたから（笑）、大抵のことは大丈夫よと。悩んでいる本人は本当に苦しい表情をしていますが、「わたしもそうだったのよ」と言うと、向こうも「あ、そんなもんですか」で済んでしまうんです。大事なことは、できるだけ早く悩みから脱出して、前に進むことです。

ただ、社長さんだから、なかなか部下にも言えないという面はありますよね。仕事の悩みを主婦の友達に話しても理解できないでしょうし、経営者の悩みというのは経営者が一番分かっている。結局、若い人の悩みというのは大抵、皆が経験していることを、後を追って経験しているだけですからね。だから、先輩方の話を聞いてホッとして前に進めるのであれば、どんどん相談してほしいですよね。

―― 問題は相談する人を持つということですね。

下村　はい。いい相談相手を持つことが大事ですね。話を聞いてくれる相手がいるのはいいことだと思いますし、悩んでいる人たちも少し悩みを吐き出すと、また2～3カ月は元気に働いてくれますから。

―― では、井川さんは試練や苦境期をどのように乗り越えていったんですか。

井川　クリーク・アンド・リバー社が2000年に上場して、その直後に赤字になったんですよ。上場まで赤字を出したことは一度も無かったんですが、2001年に9・11（米国同時多発テロ事件）があり、当時はテレビを中心に事業をやっていたんですが、イベントが全部中止になってしまったんです。

それで創業以来、初めて営業赤字になって、株価も一気に10分の1くらいに急落。自分の中では状況が落ち着けば業績も元に戻ると思っていましたけど、株主や銀行からはガンガン言われるわけです。だから、この1年が一番つらかったですね。

――この時はどういう気持ちだったんですか。

井川　起きている時はなにくそと思うんですけどね。でも、寝ている時は悪いことばかり考えるんです。だから、パッと目が覚めると闘志がみなぎってきて、また頑張ろうと。

この時、わたしは個人でJリーグのサガン鳥栖の経営を引き受けていたんですよね。社長、会長を10年くらいやったんですが、金曜日に佐賀へ行って、火曜日に東京へ帰ってくると。そういう生活を続けていましたから結構大変でしたし、でも、あれを経験したことで人脈も広がったし、いろいろなプラス効果がありました。

それで結果的にJ1昇格を果たすことができ、無事に辞めることができたので、これは自分の中で自信になりましたね。

死ぬことを考えたら多少の悩みは乗り越えられる

――これはいい教訓になりましたね。失敗を成功の糧にしていくというか。

井川　そうですね。実はこの時、がんが見つかり、胃を4分の3ほど切って、死にそうな思いをしました。ステージ4まで進行していて、数カ月入院したんです。だから、この時は3重苦でした。

――これは何歳の時ですか。

井川　42歳の後厄の年でした。それまでずっと働いてきて、もちろん、自分の中で死ぬなどという実感は無かったんですが、入院して時間があるので、これで好きなビデオが見れる。好きなゲームができる、本も読めるぞと、逆の意味のワクワク感もあったんですよ。だから、わたしは病室で当直の看護師さんと一緒にゲームをしたり、会話をするのが楽しくて、先生が回診に来ますよね。この時、いつもわたしの病室からは笑い声が聞こえるので、よく婦長さんから怒られたりしました（笑）。

――なんで井川さんが怒られるのですか。

井川　がん病棟だったので、体力も気持ちも落ち込んで静かにしていたい患者さんも多くいるわけですよね。でも、わたしはいつも笑っていて部屋が賑やかだったので、静かにしてくださいと怒られてばかりでした。

後から聞いたのですが、わたしは一番強い抗がん剤を打ったんですが、全然髪の毛が抜けなかったんです。そこに来て、いつも笑ってばかりだったので、わたしにとって一番の治療法は笑うことではないかと言われましたし、わたしも半ば本気でそう思います。

――なるほど。最後はくよくよするなと。

井川　ええ。だから、死ぬことを考えたら、多少の悩みなど乗り越えられますよ。冗談みたいな話ですが、企業経営も、最後は何とかなるという気持ちでいけば、大抵のことは乗り越えられるんじゃないですか。

――これはいいメッセージになりましたね。

下村　面白いですね。NBCの皆さんはいつもあけっぴろげにすごいことを話してくれるんです。病気だって、赤字になったのだって、大変な経験ですけど、このように井川さんはいつも笑っているんですよね（笑）。

だから、皆さん、本当にアグレッシブな方々ばかりです。若い人たちも周りの先輩方の知恵をうまく借りながら、いい環境の中で育っていってほしいと思いますね。

終わりに

芯《しん》の強さと優しさ――。下村朱美さんの歩いてきた足取り、そして事業への取り組み方を見ていると、このことを感じる。

「わたしは運が良かったのだと思います」と本人は謙遜されるが、何より25歳でエステティックの世界に飛び込む時に、「日本一、いや世界一を目指す」という気持ちで挑戦。

エステ技術を磨き、おもてなしの気持ちでお客に接していると、年配の女性客の間で『シェイプアップハウス』（現ミス・パリ）の名前が瞬く間に広まっていった。「この仕事に誇りを持って生きていこう」と社員やアシスタントたちに呼びかけ、専門学校そして専門職大学までつくり、「人」の育成に心血を注いできた。

また下村さんは、人と人のつながりを大事にする。郷里の鹿児島県中種子町は、人と人の縁を大事にする所。1人娘として大事に育てられた下村さんは、両親の愛に今でも深く感謝している。

母・清子さんは、下村さんが起業して半年後に病気で亡くなった。享年50。余りにも若くして亡くなったため、下村さんもショックで、茫然自失の日々が長く続いた。

そういう時に、母と同じ年齢層のお客が店に通ってくれた。「お客様に来ていただくことが本当に嬉しくて」と下村さんは起業間もない頃の自分の気持ちを語る。

顧客から本当に優しくしてもらったことに、下村さんは「お客様の喜ぶすべてのことをやろう」と心に決めて、仕事に臨んだという。こうして人と人のつながりが深まっていった。

人生にはいろいろな試練が付きまとう。その中で新しいことにチャレンジし、課題解決をしていくわけだが、これまでの自分を支えてきたものは何か？　という質問に、下村さんは次のように答える。

「わたしを支えたのは、やはり両親だと思います。父もよく言っていましたが、九州人って、恥ずかしい……と言うんですね。家の前に木の葉が散らかっていても恥ずかしい。人を羨んだり、悪口を言うなど恥ずかしいことだとかね。いつも頭の中には、恥ずかしくないような生き方をしないといけないんだなということがありましたね」

下村さんが続ける。

「それと、美しいということに両親ともこだわる生き方でした。洋服の着こなしとか、庭木の手入れとか、野菜づくりでも土を掘り起こして、真っすぐに畝をつくったりとか、本当にきれいなんですよ」

親子の縁から始まり、人と人のつながりの中で、エステティックの世界を自分の本分・本業として選択し、事業を発展・成長させてきた下村さん。『美しく生きる』人づくりを目指す経営がこれからも続く。

2024年4月

『財界』主幹・村田博文

著者略歴

『財界』主幹　**村田博文**　むらた・ひろふみ

1947年2月宮崎県生まれ。70年早稲田大学第一文学部卒業後、産経新聞社入社。77年財界研究所入社。88年総合ビジネス誌『財界』編集長、91年取締役、92年6月常務、同年9月代表取締役社長兼主幹。主な著書に『小長啓一の「フロンティアに挑戦」』、『「ご縁」が紡ぐ世界ブランド ミキハウス』（共に財界研究所刊）がある

ミス・パリ・グループ代表　下村朱美の
『美しく生きる』

2024年5月20日　第1版第1刷発行

著者　村田博文

発行者　村田博文

発行所　株式会社財界研究所
［住所］〒107-0052　東京都港区赤坂3-2-12 赤坂ノアビル7階
［電話］03-5561-6616
［ファックス］03-5561-6619
［URL］https://www.zaikai.jp/

印刷・製本　日経印刷株式会社

ISBN 978-4-87932-163-3
定価はカバーに印刷してあります。